Activité Bricolage Création

LE LIVRE DES JUNIORS

Éditions Fleurus, 15-27 rue Moussorgski, 75018 Paris

Sommaire

Introduction ... 5

PETITS CADEAUX

Emballer les cadeaux
Papiers fantaisie ... 12
Jolies étiquettes ... 14
Cadeaux tout fous ... 16
Poissons surprises ... 18
Cartes animées ... 20

Cadeaux mode
Tee-shirts peints ... 22
Petites pochettes ... 24
Lacets rigolos ... 26
Bijoux magiques ... 28
Écussons mignons ... 30
Parures de rêve ... 32
Barrettes en fête ... 34
Figurines perles ... 36

Petits cadeaux
Étuis à crayons ... 38
Pot-pourri ... 40
Carnets à secrets ... 42
Boîtes colorées ... 44
Petits bocaux ... 46
Tirelires animaux ... 48
Cadres peints ... 50
Mon beau miroir ... 52
En clous et fils ... 54
Verres décorés ... 56

DÉCORER LA MAISON

Décorer la table
Porte-couteaux ... 60
Pince-torchons ... 62
Coupes en papier ... 64
Sous-verres ... 66
Fruits marque-places ... 68
Ronds de serviettes ... 70

Décorer la maison
Bougeoirs en plâtre ... 72
Pots tout beaux ... 74
Rangements à CD ... 76
Vase-poisson ... 78
Sac à fleurs ... 80
Lampe « étoiles » ... 82
Tableau en tissu ... 84
Photophores ... 86

Décorer la chambre

Étiquettes fantaisie	88
Emploi du temps	90
Drôles de crayons	92
Boîte à courrier	94
Classeurs décorés	96
Vide-poches déco	98
Jolis réveils	100

Décorer la salle de bain

Porte-savons	102
Brosses à dents…	104
Trousseau de bain	106
Décors marins	108

Pour jouer à plusieurs

Morpion de poche	132
Mini-quilles	133
Awalé	134
Jeux d'adresse	136
Marionnettes	138
Mini-bolides	140
Jeu d'échecs	142

JEUX ET LOISIRS

L'ANNÉE EN FÊTE

Fêtes entre amis

Cartes d'invitation	146
Déco-party	148
Drôles de bonbons	150
Lunettes fantaisie	152
Masques géants	154

Pour jouer tout seul

Tangram	112
Animaux rigolos	114
Jeux de patience	116
À la plage	118
Percussions	120
Bilboquets	122
Anima pinces	124
Mini-bureau	126
Habits de poupée	128
Kaléidoscope	130

Pour Pâques

Œufs multicolores	156
Pâques gourmand	158
Courrier printanier	160
Jolis coquetiers	162

Fêtes des pères et des mères
Vases tendresse — 164
Jolis cœurs — 166
Mémo-cadeaux — 168
Scoubijoux — 170

Pour Halloween
Lumières d'Halloween — 172
Décor ensorcelé — 174
Créatures volantes — 176
Cornets Halloween — 178

Pour Noël
Noël au lampion — 180
Fenêtres en fête — 182
Pour le sapin — 184
Boîtes à offrir — 186
Meilleurs vœux — 188

AU FIL DES SAISONS

Au printemps
Bouquet frais — 192
Graines de star — 194
Tout pour le toutou — 196
Cerf-volant — 198

En été
Cartes estivales — 200
Maisonnette — 202
Cordons-wraps — 204
Herbier — 206
Pochette de voyage — 208
Épouvantail — 210

En automne
Jardin miniature — 212
Carnets d'automne — 214
Tableaux nature — 216
Cache-pot — 218
Musiques en fête — 220

En hiver
Igloo pour le chat — 222
Chaussons douillets — 224
Pour les oiseaux — 226
Flocon vole — 228

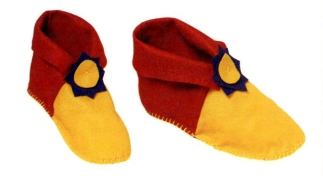

Patrons — 232

Introduction

Ce livre propose aux enfants de 8 à 12 ans, 350 idées de bricolages à réaliser facilement seul, en famille ou entre amis.

Il est divisé en 5 chapitres : petits cadeaux, décorer la maison, jeux et loisirs, l'année en fête, au fil des saisons. Chaque chapitre est identifiable par une couleur, reprise sur chaque page.

Les modèles proposés sont réalisés avec des matériaux variés : carton, papier, mousse, éléments naturels, pâte à modeler, feutrine, etc., et ne demandent pas un budget élevé.
Sur chaque page, le matériel utilisé est présenté dans un encadré de la couleur du chapitre, dans un caractère très lisible : ainsi, il se détache bien et il est facilement repérable.

Certaines réalisations nécessitent l'utilisation d'un cutter, d'une pince coupante ou même d'un four ménager. Dans ces cas, l'intervention d'un adulte est requise.

Les repères

Sur chaque page, le niveau de difficulté, la durée et le coût de l'activité sont représentés par un, deux ou trois pictogrammes. Les niveaux de difficulté et de durée sont donnés à titre indicatif et dépendent de la maturité et de la dextérité de l'enfant.

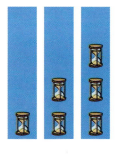

MOINS D'1/2 HEURE

1/2 HEURE À 1 HEURE

PLUS D'1 HEURE

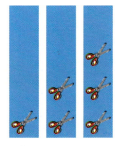

TRÈS FACILE

FACILE

ÇA SE COMPLIQUE

PAS CHER DU TOUT

PAS CHER

UN PEU PLUS CHER

Matériel et conseils

Pour réussir son activité, l'enfant doit être bien installé et bricoler sur une table. Pour éviter de salir le plan de travail, il est préférable de le protéger avec du papier journal, un grand morceau de carton de récupération ou une toile cirée.

La « récup »

Plusieurs réalisations de ce livre proposent d'utiliser des matériaux de récupération. Penser à mettre de côté du carton et du papier d'emballage, des rouleaux d'essuie-tout, des boîtes d'allumettes, etc. pour créer des bricolages à moindre coût.

Autre matériel

Le matériel des réalisations proposées dans ce livre est facile à se procurer : papier, chenille, mousse, pâte à modeler, perles, etc. Il se trouve aisément dans les magasins de loisirs créatifs, les papeteries ou les grandes surfaces.

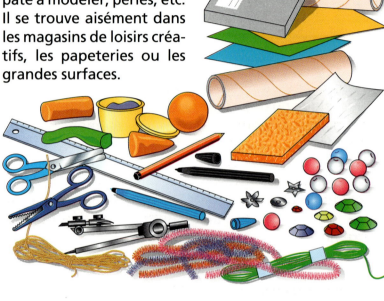

Les peintures

La gouache, facilement lavable, est particulièrement adaptée aux enfants. Cependant, sur le polystyrène, la terre cuite, les supports lisses ou la pâte à modeler autodurcissante, l'acrylique ou la peinture tous supports sont bien plus adaptées.

Les adhésifs

Adapter le scotch au support. Le scotch ordinaire convient au papier. Pour le carton, utiliser du scotch large toilé. Le scotch double-face permet de fixer un élément sans être visible. Le scotch de couleur est plutôt décoratif.

Les colles

La plupart des bricolages sont réalisés avec de la colle en tube ou en bâton. Pour la mousse et le polystyrène, utiliser une colle sans solvant qui ne rongera pas la matière.

Comment reporter un patron

1 Poser une feuille de papier calque ou de papier très fin sur le modèle à reproduire. Au besoin, le fixer avec du scotch papier ou repositionnable. Tracer le contour par transparence au crayon ou au feutre fin.

2 Découper le patron aux ciseaux en procédant très délicatement pour les détails. Si certaines parties doivent être évidées, utiliser des ciseaux ou au besoin, demander à un adulte de les découper au cutter.

3 Poser le patron en calque ou en papier fin sur le support choisi (carton, mousse, papier de couleur, etc.). Dessiner les contours avec un crayon à papier ou un feutre fin et découper aux ciseaux ou au cutter selon le tracé.

Demi-patron

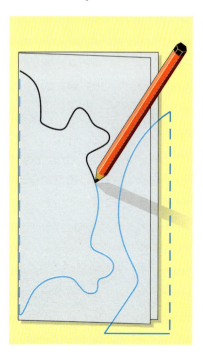

Certains modèles présentent des demi-patrons : le milieu est représenté en pointillés.

1 Plier une feuille de papier calque ou de papier très fin en deux. La poser sur le modèle à décalquer en superposant la pliure et les pointillés du patron. Tracer le contour du modèle par transparence au crayon à papier ou au feutre fin noir.

2 Découper les 2 épaisseurs de calque ou de papier en même temps. Déplier. Poser le patron sur le support choisi et tracer ses contours.

Les patrons sont donnés à taille réelle. Ils sont regroupés en fin d'ouvrage pages 232 à 255 et facilement repérables sur un fond jaune clair.

Si l'activité nécessite un patron, son utilisation et la page où il apparaît sont clairement mentionnées en fin de liste de matériel.

On peut agrandir ou réduire les patrons à la photocopieuse si l'on souhaite adapter les modèles.

Recette du papier mâché

L'encollage

Déchirer des bandes ou des morceaux de journal (ne pas utiliser de magazine). Préparer la colle à papier peint selon la notice ou mélanger 2 vol. de colle à bois et 1 vol. d'eau.

La vaseline

Pour fabriquer un moule, enduire le récipient de vaseline (ou d'un peu d'huile) avant de le recouvrir de papier mâché. Ainsi le démoulage s'effectue sans difficulté.

Recouvrir une forme

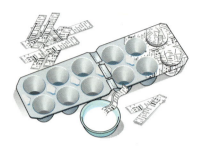

Tremper des bandelettes ou des morceaux de papier journal dans la colle. Les appliquer sur le support en les faisant se chevaucher. Appliquer 3 couches. Laisser sécher avant de peindre.

Bijoux : fermoirs et finitions

Fermoirs

Les fermoirs à ressort ronds sont les plus simples. De petite taille, ils sont particulièrement adaptés aux perles de rocaille.

Les fermoirs à vis sont plutôt réservés aux colliers parce que l'on a besoin des deux mains pour les fermer.

Finitions simples

Faire 3 ou 4 nœuds simples les uns sur les autres, couper le fil à ras et déposer une goutte de colle gel ou de vernis à ongles transparent.

Poser une perle à écraser

Après la dernière perle, enfiler une perle à écraser, passer le fil dans l'anneau du fermoir, puis le repasser dans la perle à écraser et quelques perles suivantes. Serrer le plus possible pour éviter le jeu entre les perles. Écraser fermement la perle métallique à l'aide de la pince à bijoux.

La pâte à modeler à cuire

La pâte

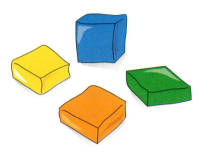

La pâte à modeler colorée à cuire se présente sous forme de petits pains. Elle existe dans de nombreuses couleurs et chez plusieurs fabricants. On peut obtenir des teintes intermédiaires en mélangeant les couleurs.

Le modelage

Tant qu'elle n'est pas cuite, la pâte à modeler colorée à cuire peut être travaillée à volonté. Cette pâte est parfois un peu dure. La rouler et la chauffer dans les mains pour la ramollir.

Elle se modèle en boules, en boudins, en cônes ou en plaques comme les autres pâtes à modeler.

À l'aide d'un couteau, découper les formes ou réaliser des rayures ou des stries.

Pour faire des petits trous, piquer la pâte avec un vieux stylo à bille, une allumette ou un cure-dent.

Pour souder les formes entre elles, bien appuyer avec les index.

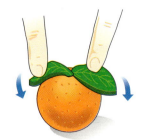

La cuisson

La pâte durcit au four ménager à 130° C (th. 2-3) pendant 25 minutes. (Attention ! La pâte transparente et la pâte chair durcissent à seulement 100° C).
Disposer les modèles sur la grille du four recouverte de papier d'aluminium.

Dans tous les cas, faire un essai de cuisson sur un petit modèle.
Après cuisson, sortir la grille du four avec des gants de cuisine et attendre le refroidissement des objets. Les objets réalisés sont lavables et imperméables à l'eau.

Attention !
La pâte à modeler à cuire ne convient pas aux enfants de moins de 8 ans. Ne pas dépasser 30 minutes de cuisson et ne pas cuire à plus de 130° C.

De fêtes en anniversaires, les occasions d'offrir ne manquent pas ! Un tee-shirt bonne mine, des coquillages parfumés, un joli cadre, un carnet à secrets : avec des perles, des gommes, de la mousse et de multiples matériaux colorés, les artistes bricoleurs fabriqueront en secret des surprises pour tous les goûts et à moindre frais.

Et pour les présenter... des cartes animées multicolores, des poissons en carton à remplir de surprises, des paquets fantaisie et de jolies étiquettes. À chacun son cadeau !

Petits cadeaux

Papiers fantaisie

Matériel
papier bristol et papier de soie de différentes couleurs, règle, raphia, ciseaux, papier calque, crayon à papier, colle, compas, perforatrice, patrons page 232.

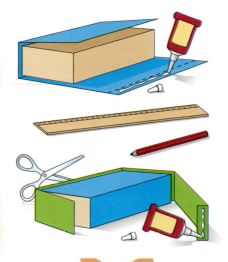

Boîtes à boulettes

1 Dans du papier de couleur, mesurer et découper un rectangle pour recouvrir la boîte en ajoutant 1 cm de rabat. Coller le rabat. Recouvrir les côtés de la même manière avec un papier d'une autre couleur. Coller.

Boîtes à frises

1 Découper du papier de couleur à la taille voulue pour emballer le cadeau. Ne pas oublier les rabats.

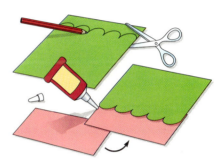

2 Reporter le patron de la frise sur l'un des côtés. Découper le motif. Dans un papier assorti, découper un rectangle de même longueur que la frise. Le coller en dessous. Emballer le cadeau.

2 Découper des carrés de papier de soie d'environ 8 cm de côté. Les froisser pour former des boulettes. Fermer le paquet avec du raphia.

3 Coller les boulettes sur la boîte. Ajouter une étiquette de papier assorti, la perforer et la nouer au paquet.

3 Tracer un cercle, le découper et le perforer. Coller des petits ronds sur l'étiquette et sur la frise. Nouer avec un raphia.

Jolies étiquettes

Matériel

papier calque, papiers de couleur, crayon à papier, gommes, règle, cutter, ciseaux, tampons encreurs, ficelles décoratives, patrons page 232.

Pour cette réalisation, l'utilisation du cutter nécessite la présence d'un adulte !

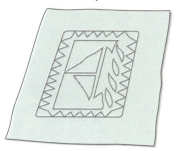

1 Avec un crayon à papier, reproduire le patron du motif choisi sur du papier calque. Reporter ce motif sur la gomme.

2 Commencer par le motif du cadre. Avec la lame du cutter, évider les petits triangles sur environ 2 mm de profondeur.

3 Évider ensuite autour du motif en creusant doucement avec la lame du cutter. Comme pour le cadre, évider sur environ 2 mm de profondeur.

4 Découper des petites cartes dans du papier de différentes couleurs. Bien appuyer la gomme sur le tampon encreur et l'appliquer immédiatement sur la carte.

5 Laisser sécher. Écrire un petit mot ou le prénom d'une personne. Pour ajouter une ficelle décorative, faire un trou au bord de la carte avec une perforatrice.

On peut aussi creuser les lignes du motif sans cadre.

Cadeaux tout fous

Matériel

boîtes rondes, papiers (soie, crépon, Cellophane irisé), peinture, pinceau, bolduc, colle pailletée, chenille, ficelle, confettis, ciseaux, ciseaux à découpes.

1 Dans les différents papiers, tracer et découper des grands napperons. Découper les bords aux ciseaux à découpes, ou faire des franges ou des dents de scie.

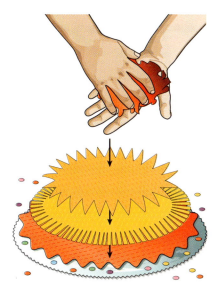

2 Froisser le papier puis superposer plusieurs napperons. Lorsque le papier extérieur est en Cellophane, il est possible d'y glisser des confettis.

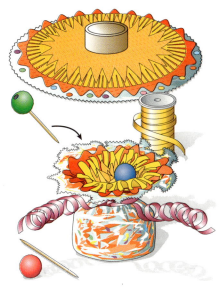

3 Bien placer la boîte (ou le cadeau) à emballer au centre. Relever tous les napperons et les resserrer sur le dessus de la boîte. Nouer avec une chenille, du bolduc ou une ficelle. Décorer en ajoutant des boules de cotillon piquées sur des cure-dents.

4 La ficelle peut être décorée avec des petits éléments réalisés dans de la pâte à modeler à cuire (voir page 9). Faire un trou à l'aide d'un cure-dent, y passer la ficelle et finir par un nœud.

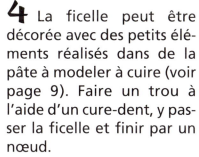

Variante

Passer quelques touches de peinture diluée avec de l'eau entre deux couches de papier de soie. Former le paquet. Laisser sécher et ajouter de la colle pailletée. Finir en nouant une chenille.

Poissons surprises

Matériel
rouleaux d'essuie-tout, carton ondulé, carton plat, bouchons en liège, papier calque, crayon à papier, couteau à dents, ciseaux, peinture, pinces à linge, patrons page 233.

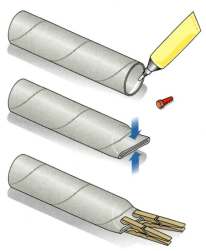

1 Pincer une extrémité du rouleau, coller. Maintenir à l'aide de deux pinces à linge. Bien laisser sécher.

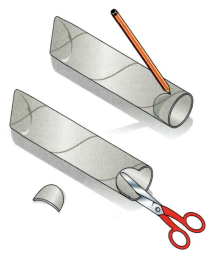

2 Tracer un demi-cercle de chaque côté du rouleau pour faire la bouche. Découper à l'aide de ciseaux.

3 Reporter deux fois les patrons des nageoires et de la queue sur du carton ondulé et ceux des ouïes et des paupières sur du carton plat. Les découper. Peindre les paupières en rose. Plier les nageoires ventrales au niveau du pointillé. Coller tous les éléments sur le corps du poisson.

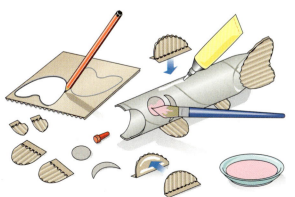

4 Découper deux rondelles dans un bouchon. Les peindre en blanc et y coller un petit rond de carton peint en bleu. Peindre l'ensemble du poisson avec une couleur vive et l'intérieur de la bouche en violet.

Pour accrocher le poisson, percer un trou dans la bouche et nouer une ficelle.

Cartes animées

Matériel

papier blanc fort, papier de couleur épais, règle, colle, papier calque, crayon à papier, ciseaux, cutter, feutres rouge et jaune, patrons page 234.

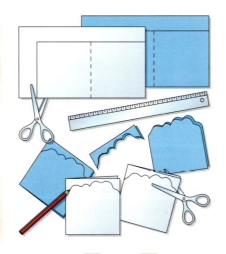

Les bateaux

1 Dans le papier fort et dans du papier bleu ciel, découper des rectangles de 12 × 24 cm. Les plier en deux et y reporter le patron des nuages.

Découper les deux épaisseurs ensemble suivant le tracé des nuages.

2 Découper la carte bleue au milieu. Coller une partie sur le dessus de la carte et l'autre à l'intérieur.

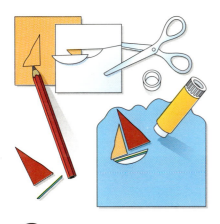

3 Reporter le patron du bateau sur des papiers de couleur. Découper et coller le bateau sur la carte.

4 Découper des bandes ondulées pour la mer et le sable. Les coller.

5 Reporter le patron de la bande articulée sur le même papier que celui des vagues. Découper. Puis plier et coller la bande à l'intérieur de la carte en suivant le schéma ci-dessous.

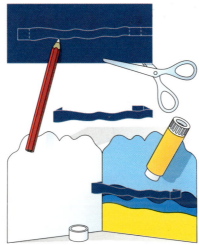

6 Découper deux autres bateaux, les coller sur la bande articulée. Ajouter un rond de 2 cm de diamètre pour le soleil.

La carte « canards » se réalise selon le même procédé. Se reporter aux patrons de la page 234.

Les fleurs

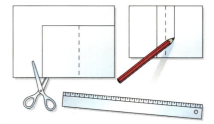

1 Découper un rectangle de 16 × 11 cm dans le papier fort. Le plier en deux. De chaque côté du pli, tracer un trait à 2 cm.

2 Reporter le patron de la frise en haut de la partie droite. Découper. Plier la carte et la coller sur 2 cm de large.

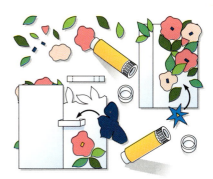

3 À l'aide des patrons, découper des fleurs et des feuilles et les coller sur la carte. Reporter le patron du papillon et de la bande articulée. Les fixer suivant le même procédé.

Tee-shirts peints

Matériel

tee-shirt, peinture pour tissu, peinture gonflante pour tissu, plaque de mousse, carton, pinceau plat, crayon à papier, papier calque, colle, scotch, ciseaux, épingle à nourrice, ruban, patrons page 235.

Drôle de fillette

1 Reporter le patron de la fillette sur une plaque de mousse. Découper. Coller le motif sur un morceau de carton. On obtient ainsi un tampon.

2 Pour bien centrer le motif sur le tee-shirt, faire des repères au préalable avec du scotch. Glisser un morceau de carton entre les deux épaisseurs de tissu.

3 Enduire le tampon de peinture à tissu avec un pinceau plat. L'appliquer immédiatement sur le tee-shirt en le centrant. Bien laisser sécher.

4 Avec de la peinture gonflante, dessiner directement les cheveux, le nez, les yeux et la bouche. Ajouter des points bleus pour les yeux et rouges pour les pommettes. Ne pas hésiter à faire des traits épais. Laisser sécher 6 heures.

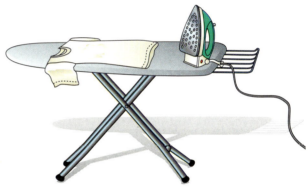

5 Pour fixer la peinture et faire gonfler les motifs, demander à un adulte de repasser le tee-shirt sur l'envers au fer très chaud pendant 1 minute. La peinture résistera alors au lavage à 40°.

6 Faire un joli nœud avec du ruban et le fixer à l'aide d'une petite épingle à nourrice.

Procéder de la même façon pour le tee-shirt au motif en spirale.

Petites pochettes

Matériel

plaques de mousse de différentes couleurs, ciseaux, raphia naturel, crayon à papier, règle, perforatrice, patrons page 236.

1 Découper un rectangle de 30 × 12 cm dans de la mousse. Faire des repères au crayon tous les 1 cm sur trois côtés. Puis percer des trous sur les repères.

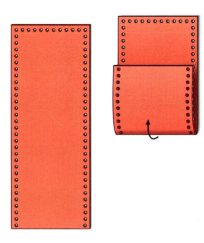

2 Replier le rectangle sur 12 cm en alignant bien les trous.

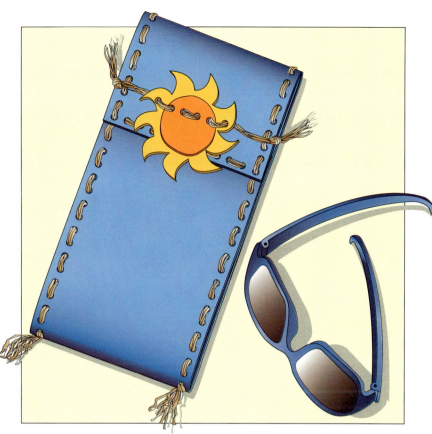

3 Réunir 2 ou 3 brins de raphia de 80 cm. Commencer à enfiler le raphia dans le trou en bas, faire un nœud. Puis « coudre » la pochette en passant le raphia dans les trous, une fois dessus, une fois dessous. Faire tout le tour et finir par un nœud.

4 Reporter 3 fois le patron de la fleur sur de la mousse. Découper et percer deux trous sur chaque fleur.

5 Réunir 2 ou 3 brins de raphia de 25 cm et y enfiler les trois fleurs.

6 Centrer les fleurs sur la pochette et faire un nœud de chaque côté au niveau du troisième trou. Couper l'excédent de raphia. Ne pas trop tendre la ficelle.

Pour fermer la pochette, il suffit de glisser le rabat sous la mèche de raphia.

Lacets rigolos

Matériel
fils à scoubidou, fermoirs à bouton d'arrêt (merceries, grandes surfaces), lacets blancs, peinture gonflante et feutres pour tissu, ciseaux.

Lacets tressés

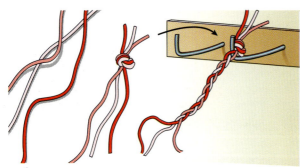

1 Réunir 3 fils à scoubidou de 80 cm en les nouant à une extrémité. Accrocher à un support et tresser sur toute la longueur. Finir par un nœud.

2 Passer les lacets dans les trous de la chaussure.

3 Pour un effet plus décoratif, on peut installer un fermoir à bouton d'arrêt à chaque extrémité des lacets, au niveau des nœuds.

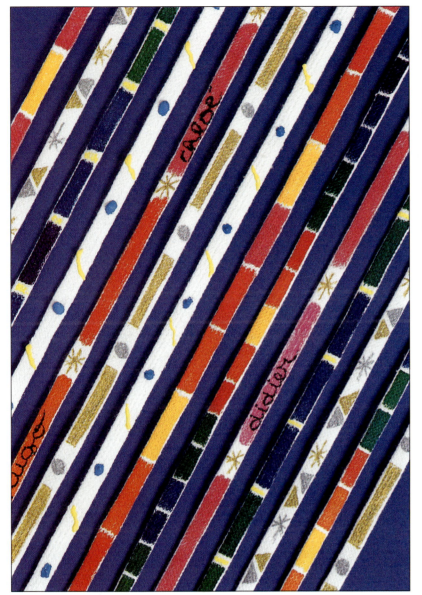

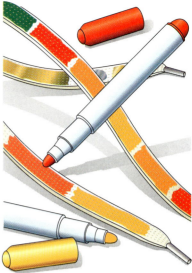

2 Avec des feutres pour tissu, dessiner des motifs sur les lacets. Laisser un espace entre chaque motif car les couleurs ont tendance à diffuser. On peut également utiliser des feutres dorés ou argentés.

Lacets décorés

1 Dessiner des motifs avec de la peinture gonflante pour tissu. Alterner les couleurs et les motifs. Laisser sécher 6 heures.

Puis demander à un adulte de repasser les lacets sur l'envers au fer très chaud pendant 1 minute.

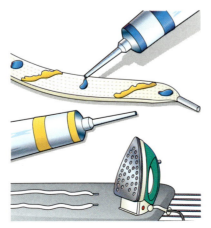

3 Laisser sécher la peinture environ 15 minutes et demander à un adulte de repasser au fer chaud sur l'envers pour fixer les motifs. Une fois repassés, les lacets pourront être lavés.

Lorsque la couleur est bien sèche, demander à ses camarades d'écrire leurs prénoms avec un feutre plus fin. Repasser.

Bijoux magiques

Matériel
plastique magique, crayons de couleur, ciseaux, cutter, colle forte transparente, supports de broches et de bagues, papier d'aluminium, patrons page 236.

Avant la cuisson,

Passé au four, le plastique se recroqueville puis s'aplatit. Il rétrécit et devient plus épais. On prévoit un motif plus grand sachant que l'objet final aura une taille 2,5 fois plus petite.

... pendant...

après.

Une feuille de plastique magique a un côté lisse et un côté rugueux. On dessine toujours du côté rugueux avec des crayons de couleur.

1 À l'aide d'un crayon noir, reporter les contours du motif choisi sur le côté rugueux de la feuille de plastique.

2 Colorier en appuyant bien sur le crayon pour obtenir une couleur régulière. Utiliser un crayon blanc pour les parties blanches et un noir pour les contours.

3 Découper avec des ciseaux. Pour les courbes ou les petits détails, procéder en plusieurs temps, toujours de l'extérieur vers l'intérieur, afin de ne pas casser le plastique.

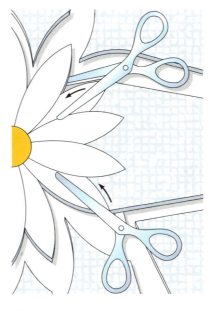

4 Demander à un adulte de préchauffer le four à 150° (th. 4-5). Poser les motifs sur du papier d'aluminium et les cuire 5 minutes. Le plastique va se tordre sur lui-même et redevenir plat.

5 Sortir les motifs à l'aide de gants et les aplatir en posant un gros livre dessus. Laisser refroidir. Si l'aspect n'est pas satisfaisant, on peut les remettre au four 2 minutes.

6 Pour le monter en bijou, coller le motif sur un support de bague ou de broche avec de la colle forte. Laisser sécher.

Écussons mignons

Matériel
tee-shirt, petits sujets, plastique transparent, mousse en plaque, fil épais de couleur, aiguille à coudre, crayon à papier, colle, ciseaux, ciseaux cranteurs, perforatrice.

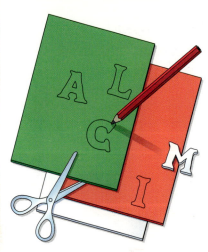

1 Sur de la mousse, dessiner des lettres au crayon. Les découper.
On peut les recopier dans des magazines.

3 Découper aux ciseaux cranteurs 2 carrés de 8 × 8 cm dans le plastique.

4 Avec une aiguille et un fil de couleur, demander à un adulte de coudre le plastique sur le tee-shirt. Glisser les éléments en mousse sous le plastique avant de coudre le dernier côté.

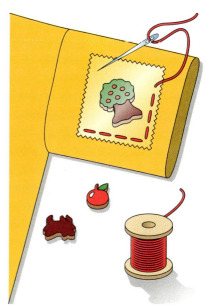

2 La petite voiture en mousse est réalisée avec un demi-cercle blanc collé sur un rectangle vert. Ajouter des chiffres découpés et des petits ronds réalisés à la perforatrice.

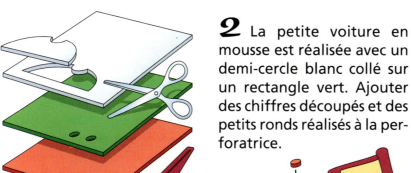

On peut remplacer les éléments en mousse par des petits sujets en bois ou en plastique. Choisir des éléments qui ne craignent pas l'eau lors du lavage (bois, plastique...).

Parures de rêve

Matériel

pâte à modeler à cuire,
fil à scoubidou, fil de nylon,
petites perles, colle forte,
supports de barrettes,
cure-dents, ciseaux, embouts,
fermoirs à bijoux, petite pince,
rouleau à pâtisserie.

Ensemble soleil

1 Aplatir de la pâte jaune. Y découper 2 rectangles de 3 × 1 cm, un rond de 2 cm de diamètre et un rectangle de 3,5 × 2 cm. Dans ce dernier, découper 7 bandes.

2 Enrouler chacun des 2 rectangles restants sur un cure-dent. Rouler le tout sur des petites perles en appuyant bien. Les perles vont s'incruster dans la pâte.

3 Découper 7 autres bandes orange dans de la pâte. Poser les bandes sur le rond en écrasant bien au milieu et en alternant les couleurs. Poser un cure-dent et aplatir une boule jaune dessus. Pour le bracelet, glisser 2 cure-dents.

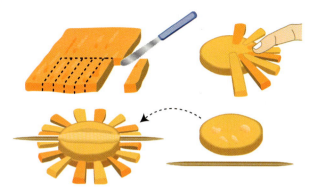

4 Tracer un sourire à l'aide d'un cure-dent. Ajouter les joues et 3 perles. Faire cuire les éléments au four (voir page 9). Enlever les cure-dents et enfiler sur du fil à scoubidou. Pour installer un fermoir, se reporter page 8.

Les autres bijoux se réalisent sur le même principe en utilisant des cure-dents pour pouvoir enfiler les éléments par la suite.

Barrettes en fête

Matériel

barrettes, élastique à cheveux et fil assorti, perles de couleurs et de tailles différentes, petits objets (coccinelles), pâte à modeler autodurcissante, fil de fer fin vert, trombones en spirale de couleur, colle, peinture acrylique, pinceau.

Les coccinelles

Coller les petits éléments en les espaçant régulièrement. Bien appuyer et laisser sécher.

Les perles

1 Couper 1 m de fil de fer. Le fixer à la barrette en l'entortillant autour.

Peindre les barrettes avec la couleur de son choix. Bien laisser sécher.

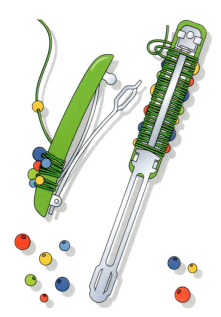

2 Commencer à enfiler des perles tout en entourant la barrette de façon inégale avec le fil. Faire en sorte que les perles soient placées sur le dessus. Procéder ainsi tout du long. Finir en tortillant le fil sur le dessous.

L'étoile

Modeler une étoile dans de la pâte à modeler autodurcissante. Laisser sécher. La peindre et la coller sur la barrette.

Les spirales

Recouvrir la barrette d'une fine couche de pâte autodurcissante. Laisser sécher. Peindre la pâte. Encoller et enfoncer des trombones en spirale dans lesquels on aura enfilé des perles.

L'élastique

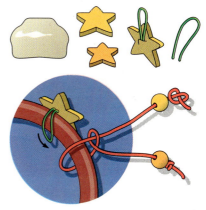

Modeler 2 étoiles dans de la pâte autodurcissante. Faire 2 petites boucles en fil de fer et en glisser une sous chaque étoile. Laisser sécher, peindre. Les fixer à l'élastique. Nouer 2 morceaux de fil de couleur de 9 cm autour de l'élastique. Enfiler une perle à chaque brin et finir par un nœud.

Figurines-perles

Matériel
perles de rocaille et tubes de différentes couleurs, perles rondes de 8 mm de diamètre, fil de laiton fin, petits anneaux, ciseaux peu fragiles.

Tous les personnages se commencent par le haut. On réalise d'abord la tête et la coiffure, ensuite le corps avec les bras et les jambes. On finit par le vêtement.

Couper 1,50 m de fil de laiton. Le plier en deux. Enfiler un anneau au milieu et torsader les 2 brins de fil 3 ou 4 fois.

Les têtes

Pour les chapeaux, former les rangs en croisant les 2 brins dans les perles et en les plaçant tantôt devant tantôt derrière. Se reporter au schéma pour le nombre de perles. Croiser les brins dans une grosse perle.

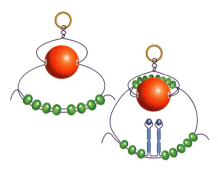

Pour les indiens, croiser les brins dans une grosse perle. Pour le dos du bandeau, enfiler 8 perles et repasser l'autre brin en sens inverse. Pour le devant, enfiler 5 perles, former les plumes, enfiler 3 perles. Repasser l'autre brin dans les 8 perles du bandeau.

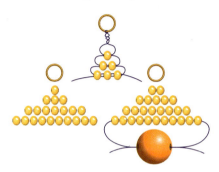

Pour le rasta : enfiler 6 à 11 perles sur un brin puis le repasser en sens inverse sauf dans la dernière perle. Faire 3 cheveux de chaque côté. Torsader les brins, les passer ensemble dans une grosse perle pour la tête.

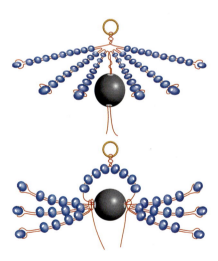

Pour la fille, enfiler 4 perles sur chaque brin. Les croiser dans une grosse perle. Faire 3 cheveux par côté. Enrouler le fil autour des cheveux.

Le corps

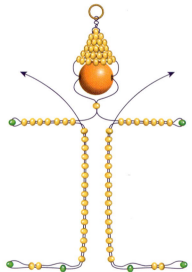

Enfiler, sur les 2 brins, une perle pour le cou.
Enfiler sur chaque brin, les perles des bras et des mains. Repasser le fil comme sur le schéma.
Enfiler sur chaque brin les perles des jambes et des pieds. Repasser le fil dans les perles selon le schéma.

Les vêtements

Procéder comme pour les bonnets, en croisant les brins de fil dans chaque rang de perles. Placer les rangs une fois devant, une fois derrière. Pour chaque personnage, le nombre de perles est identique pour le devant et le dos.

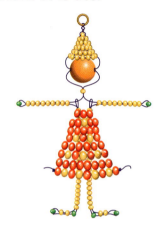

Pour terminer, entortiller les brins de chaque côté, les recouper et cacher les extrémités à l'intérieur du personnage.

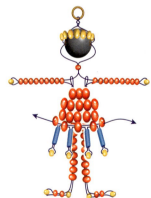

Faire varier le nombre de perles, le nombre de rangs et alterner les couleurs des perles pour obtenir des vêtements différents. Pour les tuniques des indiens faire les franges comme pour les bandeaux.

Étuis à crayons

Matériel

rouleaux en carton d'essuie-tout, élastique, colle, carton fin, papier fort blanc, bouchons en liège, peinture, pinceau, yeux mobiles, crayon, couteau, ciseaux, cutter, patrons page 237.

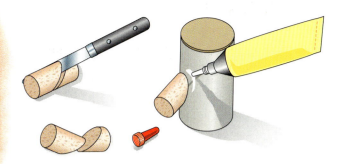

4 Découper un bouchon en biseau pour faire le nez. Le coller sur le rouleau le plus petit qui sert de tête.

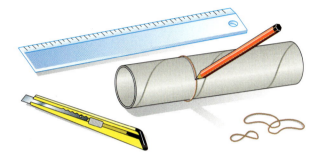

1 Passer un élastique à 10 cm de l'extrémité du rouleau d'essuie-tout. Marquer le tour au crayon et découper.

2 Boucher chaque côté du tube en collant une rondelle découpée dans du carton fin.

5 Dans du carton fin, découper une bande de 2 × 15,5 cm pour le col. Peindre le grand rouleau et cette bande de la même couleur en s'inspirant de la photo. Peindre la tête couleur chair et coller le col en bas.

3 Reporter les patrons des différents éléments sur du carton fin, les découper. Les peindre en s'inspirant de la photo.

6 Coller les différents éléments sur les tubes. Ajouter les yeux mobiles. Découper un rectangle de 4 × 16 cm dans le papier fort. L'enrouler et le coller dans le tube « corps » en le laissant dépasser de 2 cm. Fermer l'étui en posant la tête sur le corps.

Pot-pourri

Matériel
plâtre, eau, saladier, moules à glaçons, cuillères, peinture (gouache ou acrylique), essences de parfum (fleur d'oranger, lavande, mandarine ou autres).

Pour préparer le plâtre en dosant l'eau correctement, se reporter aux indications du fabricant.

1 Verser de l'eau dans un saladier. Incorporer petit à petit le plâtre en mélangeant pour obtenir une consistance crémeuse.

3 Verser immédiatement le plâtre dans les moules à glaçons à l'aide d'une petite cuillère. Remplir les compartiments entièrement ou seulement jusqu'à la moitié pour obtenir des formes moins hautes.

4 Bien laisser sécher le plâtre pendant 12 heures et démouler délicatement. Disposer les sujets dans une petite assiette ou dans une coupelle.

2 Ajouter aussitôt quelques gouttes d'essence pour parfumer le plâtre. Bien mélanger. Ajouter ensuite un peu de peinture pour le teinter. Bien mélanger sans battre le plâtre afin de ne pas faire de bulles.

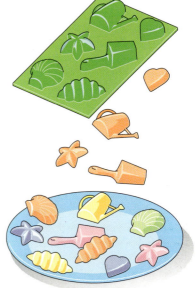

Carnets à secrets

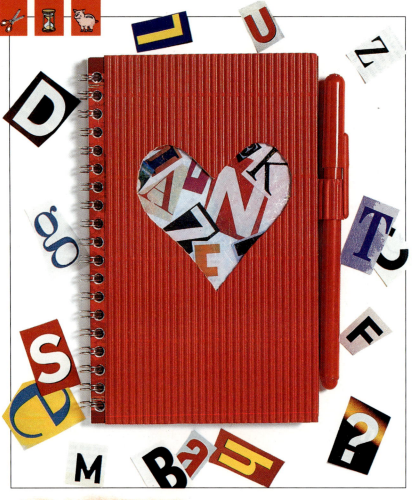

2 Reporter le patron du cœur sur l'envers d'un des rectangles, le découper.

3 Découper des lettres dans des magazines et les coller sur le carnet. Découper un carré de papier cristal, le froisser et le coller au dos du cœur. Coller ensuite le carton « cœur » sur le dessus du carnet.

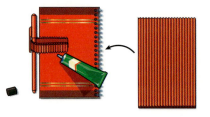

Matériel

carnets à spirales, carton ondulé rouge, papier cristal irisé, papier fort, règle, papier de soie de couleur, magazines, crayon à papier, ciseaux, colle, patron page 237.

Carnet cœur

1 Découper 2 rectangles de carton ondulé de la taille de la couverture du carnet et une bande de 2 × 10 cm.

4 Plier la bande de carton en deux autour d'un crayon et la coller au milieu du dos du carnet. Coller le rectangle restant par-dessus.

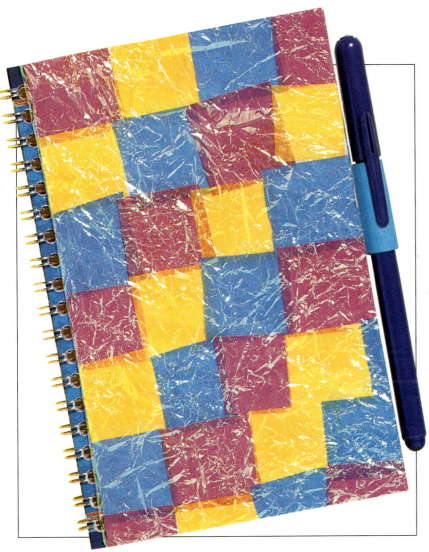

Carnet à carreaux

3 Coller les carrés sur le papier fort en alternant régulièrement les couleurs. Recouvrir également la petite bande.

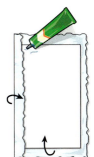

4 Recouvrir ensuite avec le papier cristal. Coller les bords qui dépassent au dos des rectangles.

5 Installer l'attache pour le crayon de la même façon que pour le carnet cœur. Coller les deux rectangles sur le carnet.

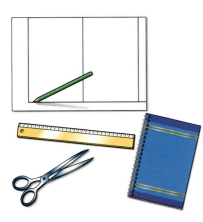

1 Découper 2 rectangles de papier fort de la taille du carnet et une bande de 2 × 10 cm.

2 Dans les papiers de soie, découper des carrés d'environ 3 × 3 cm. Découper deux rectangles de papier cristal un peu plus grands que le carnet, les froisser.

Boîtes colorées

Matériel
Sable coloré de différentes couleurs, ciseaux, scotch double-face spécial moquette, boîtes en carton, peinture, pinceau.

La boîte ronde

1 Peindre la boîte en noir. Laisser sécher.

2 Découper des petits triangles de différentes tailles dans le scotch double-face.

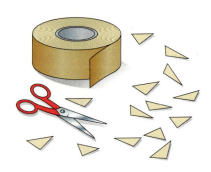

3 Les coller un par un sur la boîte en prenant soin de laisser la pellicule supérieure du double-face sur chaque triangle. Ne pas en coller sur le rebord de la boîte où le couvercle repose.

4 Ôter la pellicule du triangle que l'on veut décorer. S'installer au-dessus d'une feuille de papier et saupoudrer suffisamment de sable pour que l'on ne voit plus le scotch. Procéder couleur par couleur.

La boîte carrée et la boîte étoile se réalisent de la même façon avec des couleurs et des formes différentes.

5 Récupérer le surplus de sable sur la feuille, couleur par couleur, et le reverser dans les godets correspondants. On peut aussi récupérer le mélange des sables pour réaliser les triangles multicolores de la boîte « étoile ».

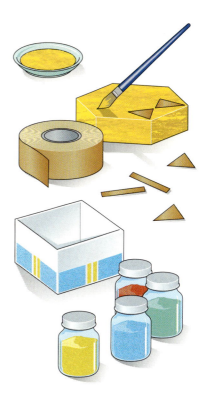

Petits bocaux

Matériel

petits pots de récupération en verre, peinture vitrail de différentes couleurs, cerne relief (or, argent et gris), pinceau, liquide vaisselle, alcool à brûler, coton.

Pot « vitrail »

Avec le cerne relief argenté, dessiner une rangée de ronds régulièrement espacés au milieu du pot. Puis faire deux autres rangées en haut et en bas. Dessiner ensuite des losanges entre les ronds. Laisser sécher 40 minutes et peindre entre les traits.

Bien laver les pots avec du liquide vaisselle, laisser sécher. Demander à un adulte de les dégraisser avec un coton imprégné d'alcool à brûler.

Le tube de cerne relief se tient comme un crayon. Faire d'abord des essais sur une feuille de papier afin de doser correctement la pression avec les doigts.

Autres motifs

Les pots peuvent être décorés avec de simples lignes réalisées au cerne relief gris... ou avec des motifs peints sur fond transparent.

Pour le pot à carreaux bleus, commencer par les rangées de carreaux en bas et dessiner de moins en moins de carreaux au fur et à mesure que l'on monte vers le haut du pot.

Demander l'aide d'un adulte pour le nettoyage des pinceaux qui se fait à l'essence de pétrole. Attention, la peinture vitrail est très inflammable !

Pot « oriental »

Commencer par peindre entièrement le pot en orange, laisser sécher. Tracer ensuite des arabesques à main levée avec du cerne relief couleur or. Ajouter des petits points sur le bord en tenant le tube bien verticalement.

Tirelires animaux

Matériel

rouleaux en carton de différents diamètres (papier toilette, aluminium…), papier fort, bouchons en liège, peinture, yeux mobiles, allumettes, cutter, ciseaux, colle, crayon à papier, compas, patrons page 237.

Si l'on ne trouve pas de rouleau en carton au diamètre demandé, on peut en fabriquer en roulant du papier fort.

Le cochon

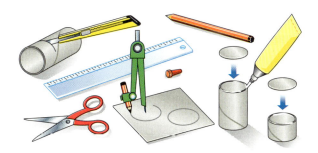

1 Pour le corps, couper un rouleau de papier toilette en deux, à 3 cm du bord. Tracer et découper deux rondelles dans du papier fort. En coller une à l'extrémité de chaque tube.

2 Dans un tube de carton plus petit, couper 2 cm pour faire le nez. Tracer et découper une rondelle, y percer deux trous et la coller au tube. Coller le nez sur la tête.

3 Dans du papier fort, découper une bande de 4 × 16 cm. L'enrouler et la coller dans le tube de la tête en laissant dépasser 1 cm. Les pattes sont réalisées avec du papier fort qu'on enroule et qu'on colle sous le corps. Hauteur des pattes avant : 3 cm et hauteur des pattes arrière : 2 cm.

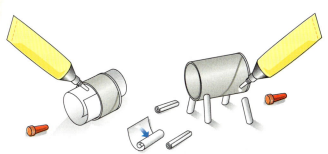

4 Découper une rondelle de bouchon en deux pour les oreilles. Les coller sur la tête. Faire une fente de 3 × 0,5 cm sur le dos de l'animal. Peindre le tout et ajouter des yeux mobiles. Pour la queue, reporter le patron sur du papier fort, découper en spirale. La peindre et la coller au corps.

La vache

La vache se réalise suivant le même principe que le cochon.

Pour le nez, ajouter un tube de 1 cm de large et de 3,5 cm de diamètre. Les pattes mesurent 1 cm de plus que celles du cochon. Ajouter des cornes au-dessus des oreilles. Pour les mamelles, découper une rondelle de bouchon et y enfoncer quatre morceaux d'allumettes. Peindre en rose. Peindre la vache en noir et blanc.

Cadres peints

Matériel
pâte à modeler autodurcissante, ardoise, carton, peinture, pinceau, colle, attaches en toile gommée (facultatif), scotch double-face.

Cadre classe

1 Dans la pâte à modeler autodurcissante, modeler une dizaine de petits éléments en rapport avec l'école. Laisser sécher.

2 Peindre tous les éléments ainsi que le cadre de l'ardoise.

3 Coller chaque élément sur le cadre, laisser sécher. Découper les contours d'une photo de classe. Fixer la photo sur l'ardoise à l'aide de scotch double-face.

2 Coller le cadre sur le fond en laissant un côté libre pour pouvoir glisser la photo.

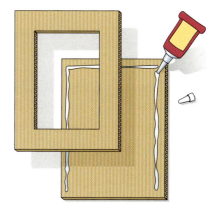

3 Peindre le cadre en jaune des deux côtés sans oublier les bords. Laisser sécher et peindre des taches avec des couleurs vives.

Cadre « taches »

1 Dans du carton, découper 2 rectangles de 20,5 × 16 cm. Sur l'un d'eux, évider une fenêtre à 3 cm des bords pour faire le cadre.

4 Glisser la photo par le côté resté ouvert. Pour l'accrocher au mur, on peut ajouter une attache en toile gommée au dos.

Mon beau miroir...

Matériel

petits miroirs, petits éléments, perles ou petits boutons, rouleau de millefiori (acheté tout fait), papier adhésif bleu, peinture vitrail bleu ciel et bleu foncé, colle forte, pinceau, ciseaux.

Le miroir carré

1 Utiliser le quadrillage au dos du papier adhésif pour découper une bande de 1,5 cm de large et de la longueur du miroir + 1 cm. Évider la moitié d'un carré une fois sur deux. Enlever la pellicule de protection et coller la bande en haut du miroir en rabattant 0,5 cm au dos.

Bien laver les miroirs avec du liquide vaisselle. Les sécher avec du papier absorbant.

Miroir paysage

1 Avec de la peinture vitrail, peindre la mer en bleu foncé et un petit nuage en bleu ciel.

2 Mettre un point de colle au dos des petits éléments (boutons) et les maintenir en place sur le miroir en appuyant quelques secondes. On peut aussi réaliser les petits éléments dans de la pâte à modeler autodurcissante et les peindre.

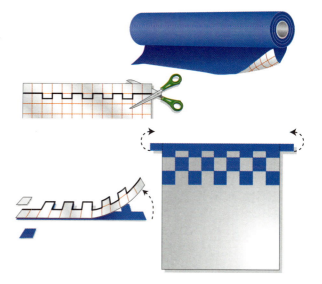

2 Découper ensuite des carrés et les coller en les alternant en damier. Faire de même en bas du miroir.

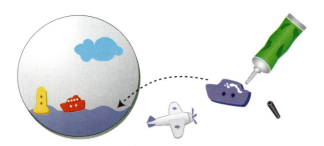

Pour les autres miroirs ronds, coller simplement des petits boutons, des perles décoratives ou des rondelles de millefiori qu'on aura fait cuire au préalable (voir page 9).

En clous et fils

Matériel

planches de contreplaqué, papier de verre fin, colle à bois, peinture acrylique, rouleau en mousse, petits clous à tête plate de 20 mm, marteau, papier blanc très fin, crayon à papier, scotch de peintre, laines de couleur, patrons page 238.

Les fleurs

1 Poncer une planche de 28 × 37 cm avec le papier de verre. La peindre en vert pâle sans oublier les bords. Bien laisser sécher.

2 Reporter les patrons des fleurs et des frises sur une feuille de papier fin en marquant bien l'emplacement des clous.

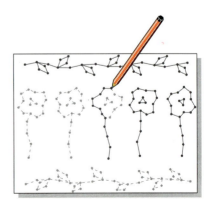

3 Centrer et fixer la feuille du modèle sur la planche avec du scotch. Planter un clou sur chaque point de repère sans l'enfoncer entièrement. Enlever le papier, en tirant délicatement dessus.

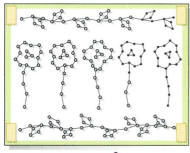

4 Faire un double nœud avec le fil de laine autour du clou de départ A. Continuer à enrouler autour de chaque clou en suivant le modèle et en tendant bien la laine. Finir avec un double nœud en revenant au point de départ. Couper les bouts qui dépassent au ras des nœuds.

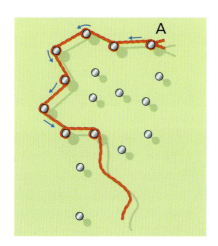

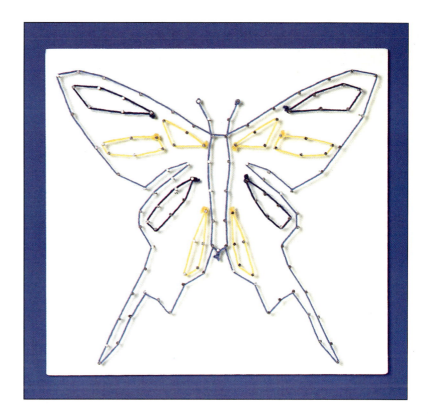

5 Pour la frise un seul fil suffit. Suivre la tige, faire le tour de chaque feuille et revenir à la tige. Continuer ainsi de suite.

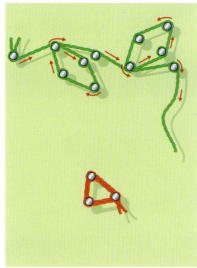

Passer deux fois le fil autour du petit triangle pour faire les cœurs.

Le papillon

1 Peindre un contreplaqué de 30 × 32 cm et de 1 cm d'épaisseur en bleu et un de 25 × 27 cm et de 0,5 cm d'épaisseur en beige, sans oublier les bords. Avec de la colle à bois coller le beige sur le bleu en le centrant bien.

2 Procéder comme pour les fleurs en commençant par les ailes et le corps du papillon.

Verres décorés

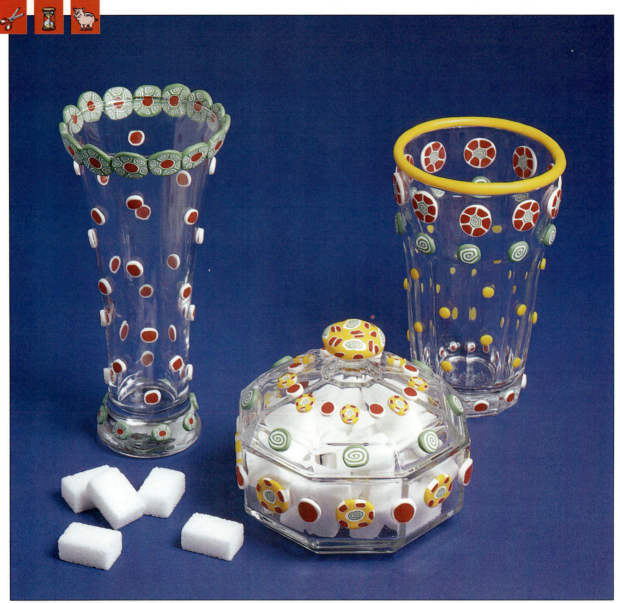

Matériel
verres, sucrier, pâte à modeler à cuire, cutter large (ou couteau de cuisine), cure-dents, rouleau à pâtisserie, colle transparente.

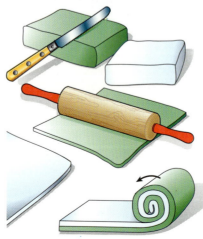

Pour l'utilisation et la cuisson de la pâte à modeler à cuire, se reporter page 9.

1 Utiliser 3/4 d'un pain blanc et 3/4 d'un vert. Avec un rouleau, faire une galette de 4 × 12 cm et d'environ 5 mm d'épaisseur dans chaque couleur. Les poser l'une sur l'autre et les enrouler comme un tapis.

2 Pour le motif suivant, utiliser 3/4 d'un pain blanc et 3/4 d'un rouge. Réaliser une galette blanche de même taille qu'à l'étape 1. Faire un gros boudin de 4 cm de long et de 3 cm de diamètre avec la pâte rouge. L'entourer avec la galette blanche.

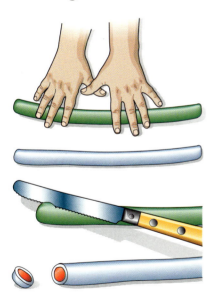

3 Allonger les deux boudins en les roulant jusqu'à une longueur de 40 cm et un diamètre de 1,2 cm. Couper les extrémités pour voir apparaître les motifs.

4 Dans chaque boudin, couper 7 tronçons de 4 cm de long. Mettre de côté les 12 cm restants. Avec ces tronçons, réaliser deux nouveaux motifs. Bien rouler pour que les motifs adhèrent entre eux. Allonger jusqu'à 10 cm et 2 cm de diamètre.

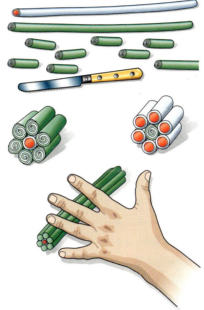

5 Dans les différents motifs, couper des tranches d'environ 2 mm d'épaisseur. Les appliquer directement sur les verres.

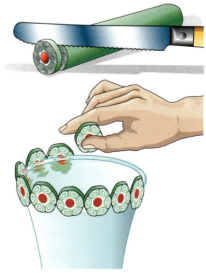

6 Faire cuire selon les indications de la page 9 et celles du fabricant. On collera les éléments après cuisson pour plus de solidité.

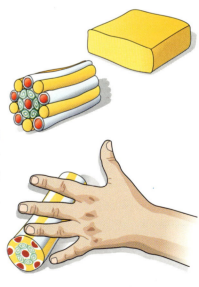

7 Le motif du sucrier est obtenu avec les restes des motifs des verres où l'on ajoute des boudins jaunes.

Pour embellir toutes les pièces de la maison, les idées ne manquent pas : des escargots multicolores pour porter les couteaux, des jolis ronds de serviette en métal repoussé et voilà la table métamorphosée ! De drôles de crocodiles en bois mordent dans les torchons de la cuisine... et dans la salle de bain, les brosses à dents vernies font la parade !

Pour personnaliser leur chambre, les juniors créeront leur boîte à courrier en carton, habilleront le réveil de mousse ; autant d'objets pratiques ou décoratifs à réaliser facilement... et quel plaisir de créer son propre univers !

DÉCORER LA MAISON

Porte-couteaux

Matériel
pâte à modeler à cuire de différentes couleurs, couteau, crayon à papier, colle pailletée (facultatif).

1 Faire un boudin de pâte d'environ 1 cm de diamètre et 10 cm de long.

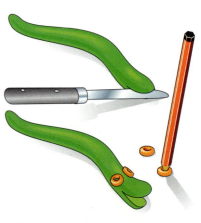

2 Couper un côté avec un couteau pour faire la bouche. Faire 2 rondelles pour les yeux, les trouer au centre avec la mine d'un crayon. Les poser sur le corps en appuyant bien.

3 Faire des boudins assez fins de différentes couleurs. Les réunir entre eux et les tortiller en vrille.

5 Bien écraser la base de la coquille sur le corps pour qu'elle adhère.

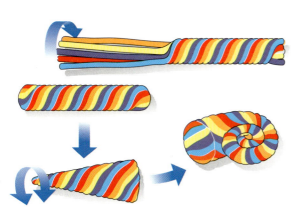

4 Former un cône allongé et l'enrouler en spirale pour faire la coquille.

6 Faire cuire en présence d'un adulte selon les explications de la page 9.

Après cuisson, on peut passer de la colle pailletée sur les yeux et sur la coquille de l'escargot pour un effet irisé.

Pince-torchons

Matériel
3 pinces à linge, 1 tasseau en bois de 6 cm de largeur et de 1 cm d'épaisseur, mousse verte en plaque, yeux mobiles, colle à bois, colle sans solvant, peinture, pinceau, patrons page 237.

1 Reporter les patrons des pattes des grenouilles sur de la mousse verte. Les découper.

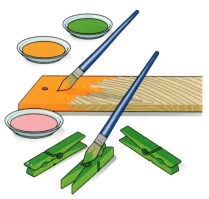

3 Peindre le tasseau en orange et les pinces en vert avec l'intérieur en rose. Ajouter 2 petits points roses pour le nez. Laisser sécher.

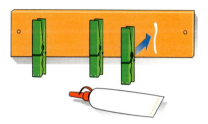

4 Avec la colle à bois, coller les pinces à égale distance en les laissant légèrement dépasser en bas.

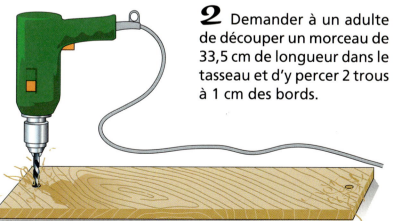

2 Demander à un adulte de découper un morceau de 33,5 cm de longueur dans le tasseau et d'y percer 2 trous à 1 cm des bords.

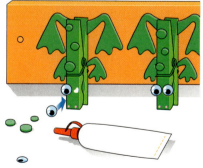

5 Coller les pattes et des petits ronds en mousse. Ajouter les yeux mobiles. Demander à un adulte de fixer le pince-torchons au mur.

Coupes en papier

Matériel

plats, saladiers ou bols, papier journal, papier mâché : voir page 8, bassine, colle à papier peint, vaseline, ciseaux, peinture, pinceaux.

1 Préparer la colle à papier peint selon les indications du fabricant. Découper des morceaux de journal de 5 × 5 cm.

2 Choisir un plat ou un saladier comme modèle et l'enduire de vaseline (ou d'un peu d'huile).

3 Tremper les morceaux de papier dans la colle et les poser à l'intérieur du plat en les faisant se chevaucher. Bien laisser sécher.

Appliquer 6 couches en laissant bien sécher entre chaque couche.

4 Démouler et repasser 2 couches de papier mâché sur le dessous qui était en contact avec le plat. Laisser sécher.

5 Découper les bords à la forme souhaitée. Peindre 2 couches en commençant par la couleur la plus claire. Laisser sécher.

Sous-verres

Matériel

pâte à modeler à cuire
de différentes couleurs,
emporte-pièce, couteau,
rouleau à pâtisserie,
papier d'aluminium.

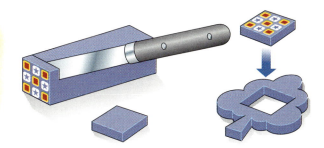

1 Modeler une boule de pâte et bien la malaxer. L'étaler au rouleau jusqu'à une épaisseur d'environ 5 mm. Y découper un carré.

2 Appuyer fermement l'emporte-pièce sur la pâte pour découper le motif.

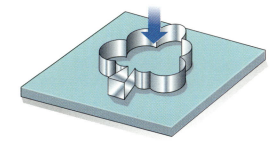

3 Former une petite boule de pâte d'une autre couleur et l'étaler au rouleau. Y découper le même motif et l'insérer dans le sous-verre.

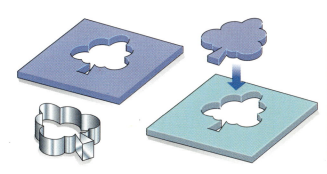

4 On peut ajouter un motif millefiori acheté tout fait ou le fabriquer soi-même (voir page 56).

5 Cuire les objets au four sur un papier d'aluminium selon les indications du fabricant (ou voir page 9).

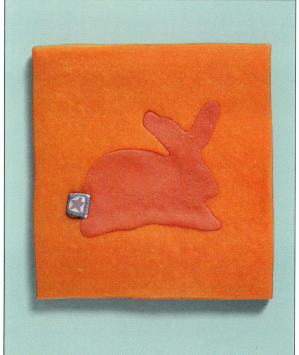

Fruits marque-places

Matériel
pâte à modeler à cuire de différentes couleurs,
tige fine en bois,
couteau,
bristol blanc,
rouleau à pâtisserie,
ciseaux, cure-dent,
papier d'aluminium.

1 Former 4 boules avec de la pâte de différentes couleurs. Allonger un peu les boules pour la poire et le citron.

Pour imiter l'effet des peaux de l'orange et du citron, faire des petits trous à l'aide d'un cure-dent.

3 Aplatir de la pâte verte au rouleau et y découper les feuilles. Faire les nervures à l'aide d'un cure-dent. Fixer les feuilles en appuyant.

4 Enfoncer des petites tiges en bois dans les fruits. Ajouter une petite vrille de pâte verte pour le raisin.

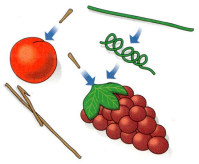

5 Faire une entaille au couteau dans chaque fruit. Cuire au four sur du papier d'aluminium (voir page 9). Puis glisser un bristol avec les noms des invités.

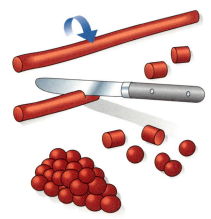

2 Pour la grappe de raisin, former un boudin de pâte de la taille d'un crayon. Avec un couteau, découper des petits tronçons d'environ 5 mm et les rouler en boulettes. Former une grappe en superposant les boulettes. Appuyer avec les doigts pour que les boulettes adhèrent entre elles.

Ronds de serviettes

Matériel

métal en feuilles, ciseaux cranteurs, peinture vitrail, pinceau, ciseaux, carton, peinture, papier mâché (p. 8), papier de verre fin, papier calque, colle, patrons page 239.

Les astres

1 Décalquer les patrons et en reporter les contours sur le métal. Découper.

Avec la pointe d'un stylo à bille, graver les motifs en posant l'endroit de la feuille de métal sur un torchon plié. Bien appuyer pour repousser le métal.

2 Peindre les motifs repoussés sur l'endroit avec de la peinture vitrail. Découper des bandes de métal de 10 × 2 cm aux ciseaux cranteurs. Coller la forme au milieu. Former le rond et coller les deux extrémités.

Les animaux

1 Décalquer les patrons des animaux et reporter les contours sur du carton. Découper les formes. Préparer la colle à papier peint et des bandelettes de papier journal d'environ 10 × 1 cm. Tremper les bandelettes dans la colle.

3 Peindre en blanc et laisser sécher. Dessiner les motifs intérieurs. Peindre avec les couleurs. Laisser sécher et vernir (facultatif).

2 Recouvrir les cartons avec deux ou trois couches de bandelettes encollées. Laisser sécher environ 24 heures. Une fois secs, les poncer légèrement au papier de verre fin.

Bougeoirs en plâtre

Matériel
plâtre, eau, bassine, boîtes en carton ou en plastique souple, bouchons en liège, film alimentaire, papier de verre, bougies.

1 Préparer du plâtre en se reportant aux indications du fabricant.

2 Verser le plâtre dans le moule. Pendant qu'il commence à durcir, recouvrir chaque bouchon de film alimentaire. Enrouler suffisamment de film pour arriver au diamètre d'une bougie.

3 Placer immédiatement les bouchons dans le plâtre. Ils doivent tenir droits. S'ils s'inclinent, le plâtre n'est pas assez dur. Dans ce cas, enlever les bouchons et attendre un peu.

4 Laisser sécher environ 3 heures en tournant les bouchons de temps en temps. Puis les enlever et bien laisser sécher le bougeoir.

5 Pour démouler, déchirer le carton. Poncer le bougeoir au papier de verre fin.

Pots tout beaux

Matériel

pots en terre, papier de soie et papier fin de couleur, ciseaux, colle à papier peint, crayon à papier, pinceau, verre, cuillère à café, vernis (facultatif).

1 Déchirer le papier de soie en petits carrés d'environ 4 × 4 cm. Verser une cuillère à café de colle dans un verre d'eau. Laisser prendre 10 minutes.

3 Découper des bandes de papier crépon de 3 cm de largeur. Les plier en accordéon tous les 3 cm. Y tracer la forme voulue au crayon et découper en maintenant bien la bande pliée.

2 Avec les doigts, enduire un pot en terre de colle. Commencer à le recouvrir avec les morceaux de papier. Poser 2 ou 3 couches en ajoutant de la colle entre chaque couche.

5 Coller les motifs autour du pot. Pour le cœur de la fleur, froisser et coller un petit morceau de papier de soie. Bien laisser sécher et vernir (facultatif).

Rangements à CD

Matériel

boîte à chaussures, papier de couleur, carton, papier blanc de 50 × 65 cm, moule à tarte de 30 cm de diamètre, laine, boule de cotillon, crayon, règle, ciseaux, cutter, colle.

4 Dans du papier, découper les yeux et la bouche. Prendre une boule de cotillon pour le nez. Coller les éléments.

1 Reporter le contour de la boîte sur la feuille blanche. Puis tracer 2 ronds à l'aide du moule à tarte. Dessiner la tête et les pieds et découper.

5 Pour les cheveux, couper des brins de laine de 20 cm, les nouer au milieu et les coller sur la tête.

2 Tracer un trait au milieu du rectangle de papier blanc. Couper et plier les rabats derrière. Reporter les contours sur le carton, découper. Évider le rectangle du carton. Coller la feuille blanche sur le carton. Découper des papiers de couleur.

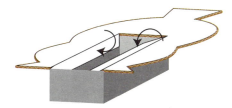

3 Placer la boîte derrière le clown, plier les rabats à l'intérieur et les coller.

Pour les notes de musique, se reporter aux patrons page 239. Le montage est identique.

Vase-poisson

Matériel

bocal en verre de 22 cm de hauteur maximum (ou bouteille en plastique), morceau de carton de 21 x 25 cm et de 2 mm d'épaisseur, bassine, 1 bande de plâtre, ciseaux, cutter, ruban adhésif, pinceau, peinture acrylique (bleu, jaune), patron page 240.

3 Tremper les bandes dans l'eau. Retirer l'excédent de plâtre en les glissant entre deux doigts. Les mettre en place.

1 Reporter le patron du poisson sur le carton. Découper. Passer légèrement le cutter sur les lignes en pointillé pour marquer les plis. Fixer le poisson sur le bocal (ou sur une bouteille en plastique coupée à 22 cm de hauteur) à l'aide du ruban adhésif. Veiller à bien l'aligner horizontalement.

4 Recouvrir l'ensemble du poisson et du bocal avec des bandes de plâtre suffisamment longues pour faire le tour. Bien lisser avec les doigts sauf au niveau des motifs afin que ces derniers ne disparaissent pas.

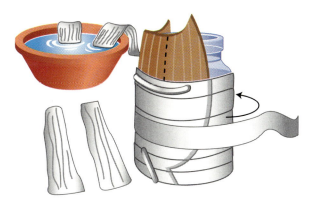

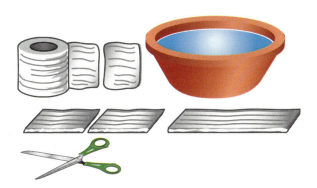

2 Remplir la bassine d'eau. Découper des bandes de plâtre : 1 bande de 15 cm pour l'ouïe du poisson et 3 bandes de 5 cm pour les motifs de la queue.

5 Bien laisser sécher et peindre le vase en jaune. Passer 2 couches. Une fois bien sec, peindre les détails en bleu.

Sac à fleurs

2 Découper les fleurs à 5 pétales directement dans la feutrine. Pour les autres, plier la feutrine en deux, tracer 1/2 fleur et découper les 2 épaisseurs ensemble.

Matériel
feutrine de couleur, aiguille à canevas, fil à broder et cordelette de coton assortis, petites perles, règle, ciseaux, crayon à papier, épingle à nourrice.

1 Dans la feutrine, tracer et découper un rectangle de 40 × 54 cm et 2 bandes de 6 × 3 cm.

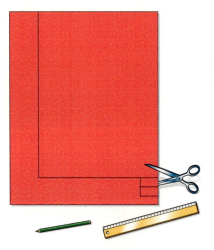

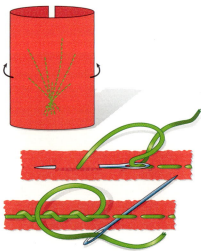

3 Plier le rectangle comme sur le schéma et broder les tiges au point arrière retravaillé. Puis coudre les fleurs avec des petites perles à l'aide de fil argenté.

Pour les étapes suivantes, on utilisera uniquement le point avant.

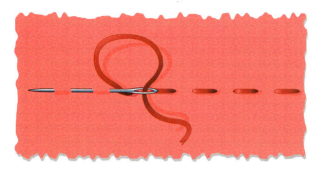

4 Plier le rectangle en deux, endroit contre endroit. Coudre le côté le plus long à 1 cm du bord en laissant une ouverture de 5 cm en haut. Faire une entaille de 1 cm juste au-dessus de la couture.

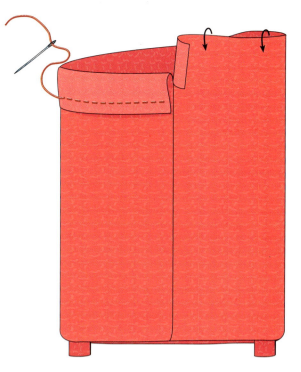

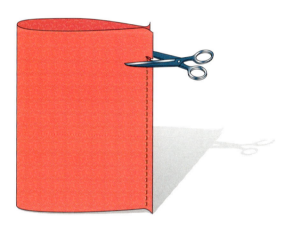

5 Plier les bandes en trois dans le sens de la largeur, puis en deux en longueur. Les insérer en bas du sac, vers l'intérieur, et coudre à 1 cm du bord.

6 Retourner le sac, plier le rabat et le coudre.

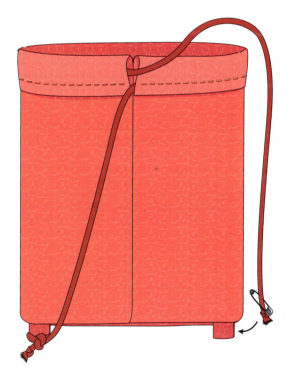

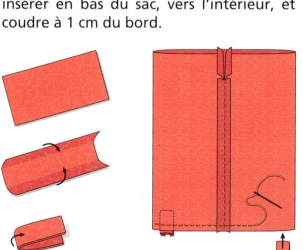

7 Glisser une cordelette d'environ 125 cm dans le rabat à l'aide d'une épingle à nourrice. Croiser la cordelette à la sortie du rabat et nouer aux attaches du bas.

Lampe « étoiles »

Matériel
vieille lampe
(ou petite lampe simple), papier calque, crayon, papier à matières, papier de soie clair, pâte à modeler autodurcissante, cutter, fil de fer, colle blanche, colle à papier peint, ciseaux, peinture, aiguille, petite pince.

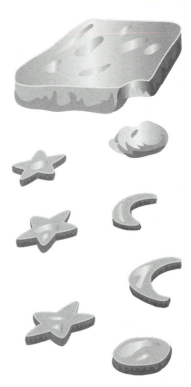

1 Modeler des petites étoiles, des lunes ou des astres dans la pâte à modeler autodurcissante.

2 Découper des morceaux de fil de fer, les tordre. Les encoller et les glisser dans les éléments en pâte à modeler. Laisser sécher.

3 Enrouler un calque autour de l'abat-jour. Le découper et reporter les contours sur le papier à matières. Découper.

4 Dessiner des petites étoiles, les découper au cutter. Coller le papier sur l'ancien abat-jour.

5 Préparer de la colle à papier peint en suivant les indications du fabricant. Recouvrir le pied de la lampe en collant le papier de soie. Laisser sécher.

6 Demander à un adulte de percer des petits trous sur les bords de l'abat-jour à l'aide d'une aiguille. Y glisser les fils de fer des petits éléments. Faire un nœud en s'aidant d'une petite pince.

7 Peindre les éléments en pâte à modeler, les fils de fer et le pied de la lampe avec des couleurs assorties.

83

Tableau en tissu

Matériel

carton plume de 1 cm d'épaisseur, cutter, colle, chutes de tissu, papier calque, crayon à papier, ciseaux, règle, scotch double-face, patrons page 240.

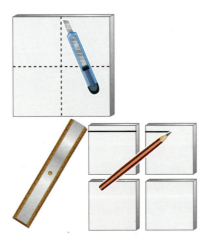

1 Dans le carton plume, tracer un carré de 36 cm de côté. Le découper au cutter en présence d'un adulte. Dans ce carré, recouper 4 carrés de 18 cm de côté. Sur chaque carré, tracer un trait parallèle au bord, à 2 cm. Pour la découpe, maintenir la lame du cutter bien droite afin de ne pas « déchirer » le carton.

2 Décalquer les patrons des motifs et les reporter en les centrant sur les carrés de carton plume. Inciser le contour du motif et le trait à l'aide d'un cutter jusqu'à la moitié de l'épaisseur du carton.

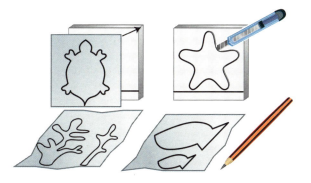

3 Découper 2 rectangles de 19 × 21 cm dans 2 tissus différents. À l'aide du calque, reporter le même motif sur les deux tissus. Découper une bande de 5 × 21 cm dans un autre tissu.

4 Pour le tissu du fond, découper à 1 cm à l'intérieur du motif. Pour le tissu recouvrant le motif, découper en ajoutant 1 cm à l'extérieur.

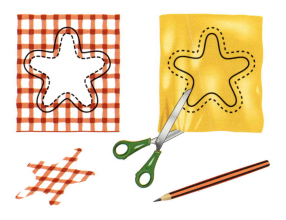

5 Positionner le tissu sur le motif et entrer le tissu dans l'incision avec le dos de la lame du cutter. Procéder de la même façon pour le tissu du fond et pour la bande.

6 Rabattre et coller le tissu qui dépasse au dos du carré. Procéder ainsi pour les quatre motifs.

7 Découper un autre carré de 36 cm de côté dans du carton plume. Coller du scotch double-face au dos de chaque petit carré et les coller sur le grand.

Photophores

Matériel

1 m de grillage à carreaux de 1,2 cm, ciseaux solides, différentes perles, fil de fer très fin, pots de yaourt en verre, peinture vitrail et perles à écraser (facultatif).

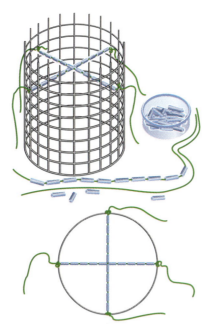

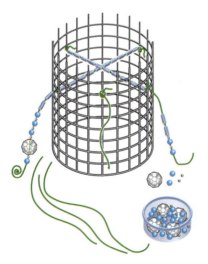

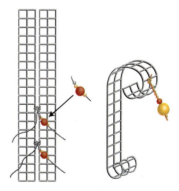

1 Couper un rectangle de grillage de 20 carreaux sur 18 de hauteur et l'arrondir autour d'une bouteille. Relier les bords en passant le fil de fer entre les carreaux. Finir en entortillant le fil sur lui-même.

2 Couper 2 morceaux de fil de fer de 23 cm de longueur. Enfiler des perles tubes sur environ 8 cm. Sur la 7e rangée en partant du bas, centrer et croiser les 2 fils. Enrouler le fil autour du grillage et le laisser dépasser de chaque côté.

3 Sur le fil qui dépasse, enfiler des perles et finir par une boucle. Ajouter 4 morceaux de fil et y enfiler des perles.

4 En haut, couper au milieu d'un montant, écarter les 2 parties, enfiler les perles et rabattre. Procéder ainsi un carreau sur deux. Les perles en métal se montent de la même façon.

5 Peindre le pot de yaourt à la peinture vitrail (facultatif). Laisser sécher. Installer une bougie et poser le pot sur la croix.

Le photophore « oriental » se réalise avec 8 bandes de 20 carreaux sur 2, reliées avec des fils de 5 cm au niveau des 5e et 9e carreaux. Les volutes du haut sont formées autour d'un tube de médicament et celles du bas autour d'un crayon. Après avoir enfilé les perles, finir avec une perle à écraser.

Étiquettes fantaisie

Matériel

plaques de mousse, fil à scoubidou, colle sans solvant, papier adhésif de couleur, perforatrice, cutter, papier calque, ciseaux cranteurs, crayon, ciseaux, patrons page 241.

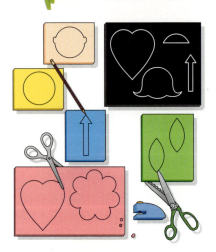

Étiquettes en mousse

1 Reporter les patrons des motifs sur la mousse. Reporter 2 fois le cœur et la flèche sur des mousses différentes. Découper.

Pour la frange et la feuille, utiliser des ciseaux cranteurs. Attendre pour découper la flèche.

2 Coller les éléments les uns sur les autres.

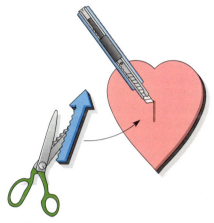

3 Pour la flèche, découper les bords aux ciseaux cranteurs. Faire une petite entaille au cutter au milieu du cœur et y glisser la flèche.

4 Percer des trous à la perforatrice et enfiler du scoubidou assorti. Écrire son nom au feutre et attacher le scoubidou aux spirales d'un cahier.

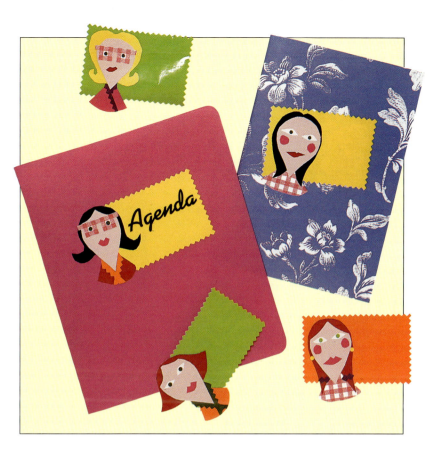

Étiquettes adhésives

1 Au dos des papiers adhésifs, tracer des rectangles de 6 × 10 cm. Les découper aux ciseaux cranteurs et les coller sur les cahiers.

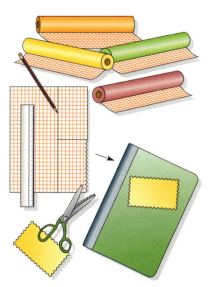

2 Reporter les patrons du visage, des coiffures et des vêtements au dos de papiers adhésifs de différentes couleurs.

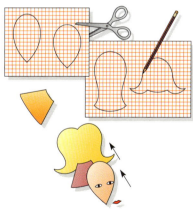

3 Sur les étiquettes, coller d'abord les cheveux et les vêtements, puis le visage. Découper et ajouter des yeux, une bouche, des cols et des lunettes.

Emploi du temps

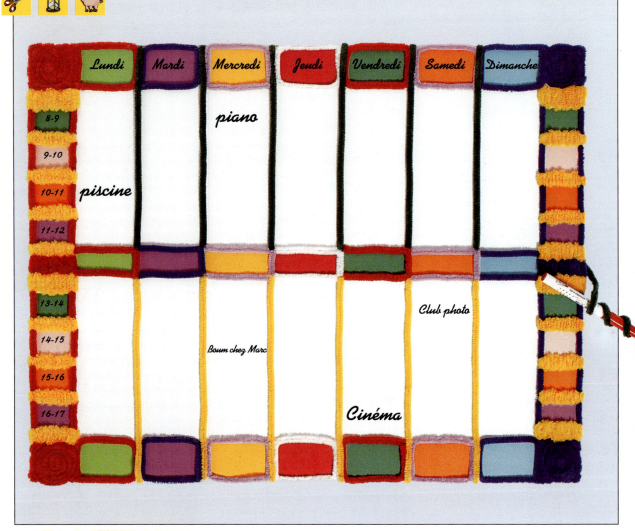

Matériel
carton de 50 x 65 cm, rouleau de film adhésif blanc effaçable à sec, colle vinylique, chenilles de couleur, règle, papier de couleur, crayon à papier, feutre pour tableau blanc.

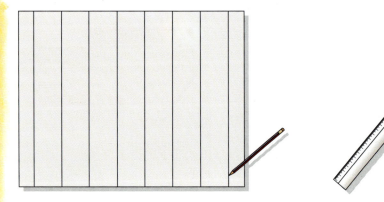

1 Sur le carton, tracer un trait vertical à 4,5 cm du bord gauche.

Tracer ensuite 7 colonnes de 8 cm et finir à droite avec une colonne de 4,5 cm.

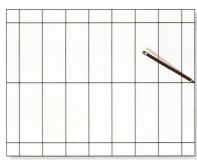

4 Pour les étiquettes des heures, à gauche et à droite, choisir 4 autres couleurs de papier. Dans chaque couleur, découper 4 rectangles de 3 × 4 cm. Les coller en les espaçant régulièrement.

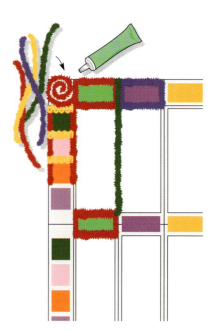

2 Tracer un trait horizontal au milieu du carton, puis un trait à 4,5 cm des bords en haut et en bas.

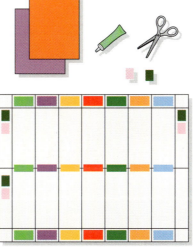

5 À l'aide du quadrillage au dos du papier adhésif, tracer et découper 14 rectangles de 18,5 × 7,5 cm. Enlever leur pellicule protectrice et les coller dans les colonnes en les centrant.

6 Finir en collant de la chenille dans les espaces entre les cases. Pour les 4 coins, la coller en spirale. Pour séparer les heures, coller la chenille en zig-zag. Pour fixer le feutre, finir avec un tortillon.

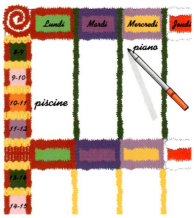

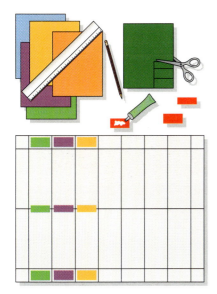

3 Choisir 7 couleurs de papier. Dans chaque couleur, découper 2 rectangles de 3,5 × 6,5 cm et 1 plus petit de 2,5 × 6,5 cm. Coller les plus grands en haut et en bas des colonnes et le petit au milieu pour séparer le matin de l'après-midi. Bien les centrer dans les cases. Utiliser une couleur par jour.

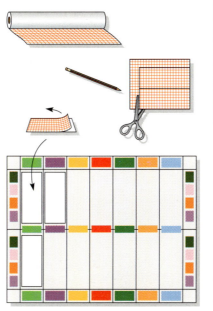

7 Écrire les jours et les heures sur les étiquettes. En bas, on peut noter son activité sportive du jour ou son cours de musique... Pour écrire sur les cases blanches, utiliser un feutre spécial tableau blanc qui s'efface à sec.

Drôles de crayons

Matériel

crayons de différentes formes, magazines, pâte à modeler à cuire (voir page 9), colle à prise rapide, mini pompons, ciseaux, ciseaux à découpes, rouleau à pâtisserie.

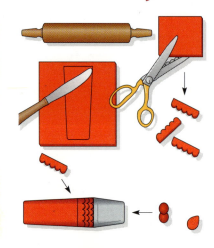

Le poisson

1 Aplatir de la pâte. Y découper une bande de la taille du feutre et des petites bandes aux ciseaux à découpes.

Recouvrir la première bande avec les écailles. Pour la bouche, poser deux boulettes l'une sur l'autre.

Les visages

1 Modeler un boudin de la taille du capuchon pour le nez. Pour le Martien, utiliser de la pâte verte métallisée. Modeler les autres éléments.

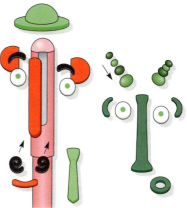

2 Retirer les éléments et les faire cuire. Les coller sur les feutres. Ajouter des mini pompons sur la tête du Martien.

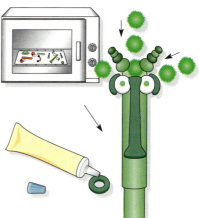

Crayons colorés

Découper des bandes de couleur ou des lettres dans des magazines. Les coller en entourant le crayon. Les bandes peuvent être réalisées avec des ciseaux à découpes.

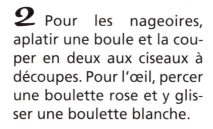

2 Pour les nageoires, aplatir une boule et la couper en deux aux ciseaux à découpes. Pour l'œil, percer une boulette rose et y glisser une boulette blanche.

Retirer tous les éléments et les faire cuire (voir page 9). Les coller sur le feutre une fois refroidis.

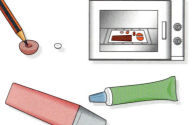

Boîte à courrier

Matériel
2 boîtes de lessive de 1 kg en carton, carton ondulé, papiers de couleur, papier calque, règle, colle, compas, ciseaux, peinture, pinceau, rouleau en mousse, patrons page 233.

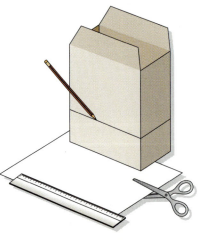

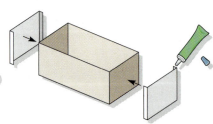

1 Tracer un trait tout autour de la première boîte à 5,5 cm de hauteur. Découper. Recouvrir les côtés de papier blanc.

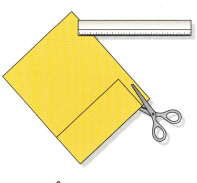

4 Découper un morceau de papier blanc pour l'île, une vague pour le sable et un rond pour le soleil. Reporter le patron des palmiers sur des papiers de couleur. Découper et coller les éléments.

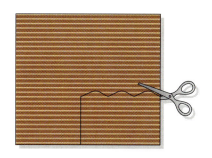

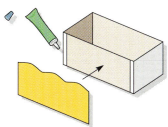

2 Découper une bande jaune de 6,5 cm de hauteur et de même largeur que la boîte. Recouper en forme de vague et la coller sur le devant.

6 Dans le carton ondulé, découper une bande de 10 cm de hauteur et de même largeur que l'intérieur de la boîte. Veiller à placer les cannelures horizontalement.

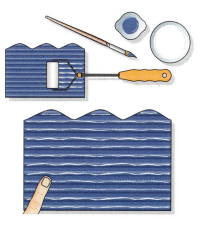

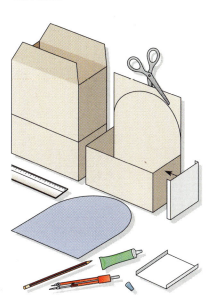

5 Reporter les patrons des parasols sur du papier de couleur. Les découper et les coller sur la première boîte.

7 Peindre en bleu. Passer un peu de peinture blanche au rouleau. Appuyer avec le doigt pour créer des ondulations. Laisser sécher et coller.

3 Sur l'autre boîte, tracer un trait à 7 cm sur trois côtés, découper. Couper le dernier côté à 16 cm de hauteur. Tracer le ciel au compas et découper. Recouvrir les côtés de papier blanc. Reporter le contour du ciel sur du papier bleu et le coller.

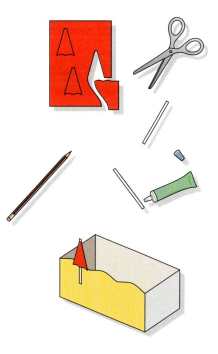

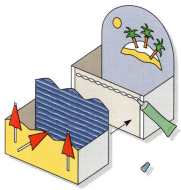

Finir en collant les 2 boîtes ensemble.

Classeurs décorés

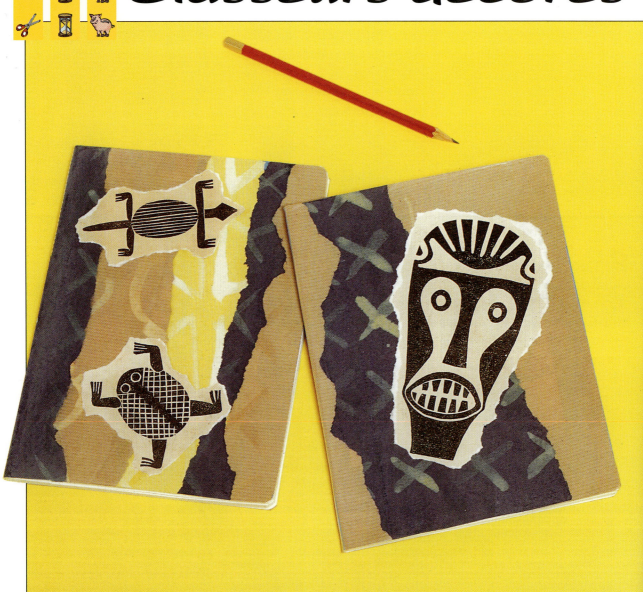

Matériel

classeur ou cahier cartonné, papier kraft de 3 couleurs différentes, colle blanche vinylique, eau de Javel, pinceau, sachets de thé, film adhésif transparent, magazines.

1 En présence d'un adulte, verser un peu d'eau de Javel dans un verre. Tremper légèrement un pinceau dans le verre et dessiner des croix, des lignes ou des triangles sur les différents papiers kraft. Bien laisser sécher.

Les motifs apparaîtront décolorés.

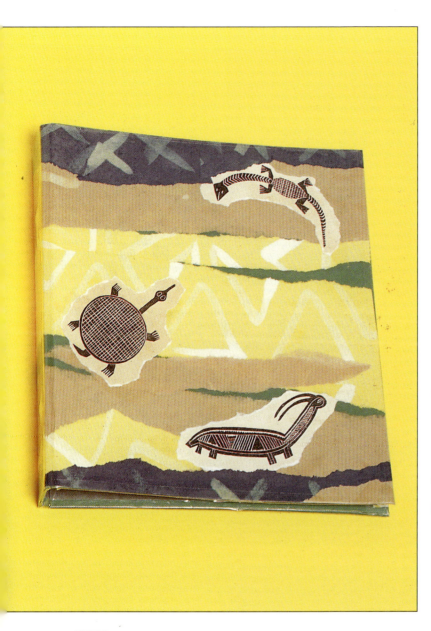

3 Déchirer les contours des motifs ainsi que des bandes de kraft. Diluer la colle blanche avec de l'eau et encoller les bandes au pinceau.

4 Coller les bandes sur le cahier. Couper ce qui dépasse. Laisser bien sécher avant de coller les motifs.

5 Lorsque l'ensemble est bien sec, recouvrir avec du film adhésif transparent en posant bien le cahier à plat. Prévoir 2 cm de rabats.

2 Trouver des motifs noir et blanc dans des magazines et demander à un adulte de les photocopier.

Faire infuser 2 sachets de thé. Transformer le fond du papier en parchemin en le peignant avec le thé. Bien laisser sécher.

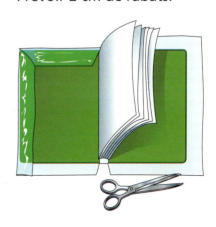

Vide-poches déco

Matériel

plastique rouge et transparent, papier adhésif de différentes couleurs, 2 baguettes en bois, 4 grosses perles, fil et aiguille (ou machine à coudre), épingles, couteau, ciseaux.

1 Découper un rectangle de 74 × 54 cm dans le plastique rouge. Dans le plastique transparent, découper 8 rectangles et carrés de différentes tailles : 22 × 18 cm, 19 × 12 cm, 19 × 28 cm, 16 × 17 cm, 21 × 14 cm, 13 × 14 cm et deux de 10 × 10 cm.

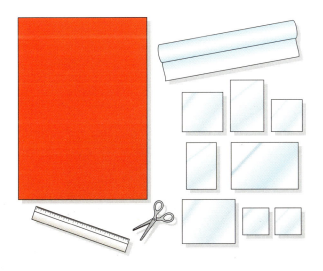

2 Décorer chaque pochette avec des papiers adhésifs de couleur : taches, pois, rayures, carreaux, vagues, etc.

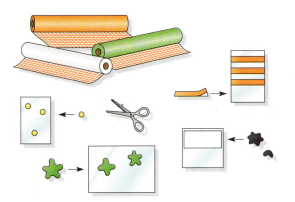

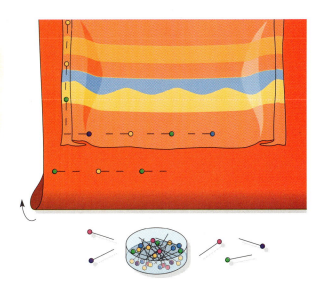

3 Disposer les pochettes sur le plastique rouge. Les épingler en faisant un pli de chaque côté en bas pour donner du volume. Replier le haut et le bas du plastique rouge sur 2 cm et épingler.

4 Coudre à la main ou demander à un adulte de coudre à la machine. Laisser le haut des pochettes ouvert.

5 Demander à un adulte de couper les baguettes à 60 cm et de tailler les extrémités en pointe. Les glisser en haut et en bas du vide-poches et coller une grosse perle à chaque extrémité.

Jolis réveils

Matériel

réveil ou montre bon marché, règle, plaques de mousse de couleur, ciseaux, crayon à papier, papier calque, colle sans solvant, perforatrice, patrons page 243.

Chat perché

1 Reporter les patrons des différents motifs sur du papier calque. Les reporter ensuite au crayon à papier sur les mousses de différentes couleurs.

Faire des trous avec une perforatrice pour le cœur des fleurs et le nez du chat.

2 Découper un carré de mousse bleue de 15 x 15 cm. Reporter le tracé de l'intérieur du cadre du réveil au milieu du bas du carré. L'évider au cutter.

La fusée

1 Reporter les patrons et découper les éléments comme précédemment. Découper un carré de 15 × 15 cm dans la mousse bleue.

3 Coller les différents éléments. Ajouter des yeux mobiles. Adapter la taille des herbes à celle du réveil. Coller le carré sur le cadre du réveil.

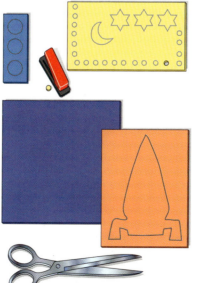
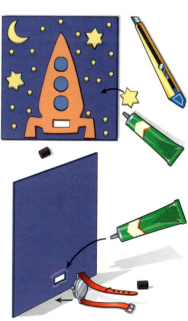

2 Reporter et évider le cadran d'une montre au milieu du bas du carré. Coller les différents motifs. Faire tenir le tout en installant la montre comme sur le schéma.

Porte-savons

Matériel
plâtre, eau, bassine, billes en verre plates, moule en plastique ou barquettes en aluminium, papier de verre fin, pinceau, vernis.

Pour préparer le plâtre, se reporter aux indications du fabricant.

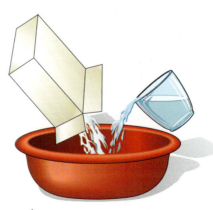

1 Verser 1/2 verre d'eau dans la bassine. Verser le plâtre et mélanger pour obtenir une pâte onctueuse.

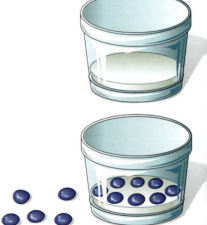

2 Verser le plâtre dans un moule jusqu'à 1 cm de hauteur. Le laisser durcir 2 à 3 heures pour pouvoir y poser les billes de verre.

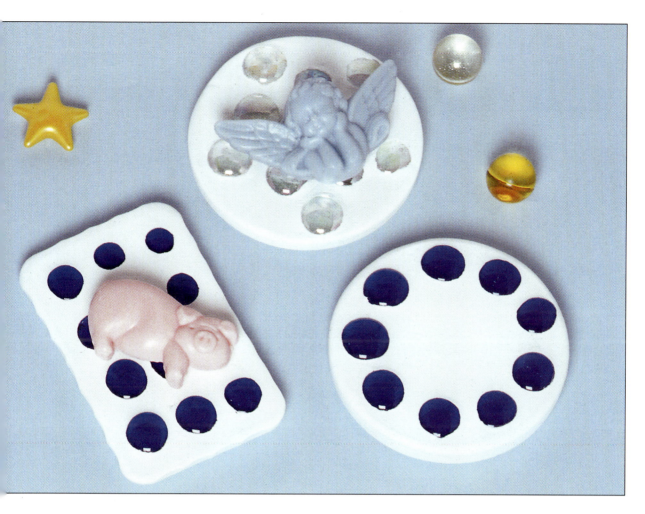

3 Préparer à nouveau du plâtre assez liquide. Le verser doucement sur les billes sans les recouvrir entièrement.

5 Laisser sécher 24 heures et démouler délicatement. Poncer légèrement les bords et passer 2 couches de vernis incolore.

4 Laisser sécher une bonne heure et frotter chaque bille avec l'index afin d'enlever l'excédent de plâtre.

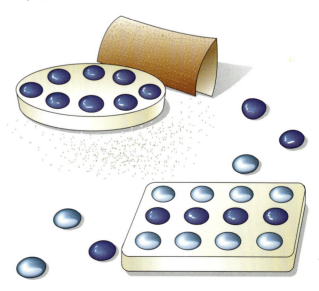

Brosses à dents...

Matériel

argile autodurcissante, brosses à dents, couteau, crayon, vernis à ongles bon marché de différentes couleurs, à paillettes et transparent.

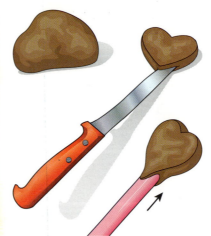

Le cœur

1 Dans l'argile autodurcissante, modeler un cœur assez épais d'environ 4 cm de hauteur. Fendre la base du cœur à l'aide d'un couteau. Glisser le manche de la brosse à l'intérieur et bien appuyer pour refermer l'argile. Laisser sécher environ 24 heures.

2 Peindre le manche avec du vernis à ongles rose. Passer plusieurs couches (6 ou 7) en laissant sécher 15 minutes entre chacune d'elles. Ajouter 1 ou 2 couches de vernis à paillettes et 2 couches de vernis transparent. Laisser sécher le tout 24 heures.

Éviter de passer du vernis à ongles sur la partie de la brosse en contact avec la bouche. Sinon, s'en servir à usage décoratif.

Le pingouin

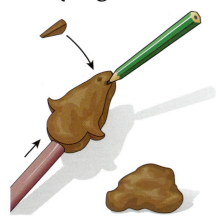

1 Modeler un pingouin en s'inspirant du modèle. Ajouter un petit triangle pour le nez. Faire deux trous au crayon pour les yeux.

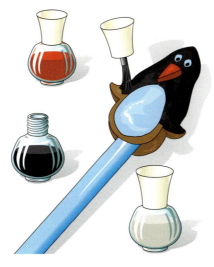

2 Après un séchage de 24 heures, peindre le pingouin selon le même procédé que pour le cœur mais avec des vernis de couleurs différentes.

La fusée

Modeler la fusée en s'inspirant du modèle. La positionner sur le manche. Ajouter 2 petites flammes. Laisser sécher et vernir.

La souris

Modeler une boule et l'entourer autour de la brosse en l'allongeant pour former le corps. Ajouter 2 oreilles, une petite boule pour le nez, des dents et un serpentin pour la queue. Faire 2 petits trous pour les yeux. Laisser sécher 24 heures et peindre au vernis.

La fleur

Modeler 2 ronds et les fixer en appuyant des deux côtés du manche de la brosse. Modeler 8 petits ronds pour les pétales et les fixer comme sur le schéma. Laisser sécher 24 heures et peindre au vernis.

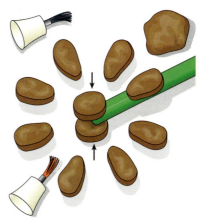

Trousseau de bain

Matériel

serviette de toilette et gant assorti, ruban gros grain blanc et bleu marine, fils assortis, aiguille (ou machine à coudre), peinture pour tissu, pinceau fin, crayon à papier, papier calque, patrons page 233.

1 Découper une longueur de gros grain à la taille de la serviette en ajoutant 5 mm de chaque côté.

2 Reporter les patrons des motifs sur le gros grain à l'aide d'un crayon à papier.

3 Peindre les motifs à l'aide d'un pinceau fin. Représenter des petits points d'une autre couleur entre chaque motif. Laisser sécher selon les indications du fabricant.

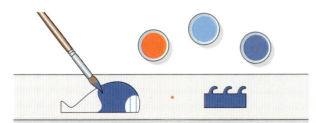

Ne pas diluer la peinture afin qu'elle ne diffuse pas sur le gros grain.

4 Demander l'aide d'un adulte pour fixer la peinture en repassant sur l'envers au fer chaud. Coudre le gros grain à la main ou demander à un adulte de le coudre à la machine.

Le gant se réalise selon le même procédé mais le ruban de gros grain l'entoure des deux côtés.

Décors marins

Matériel
pochettes en plastique transparentes, peinture pour fenêtre de différentes couleurs et pâte de contour noire,
patrons page 244.

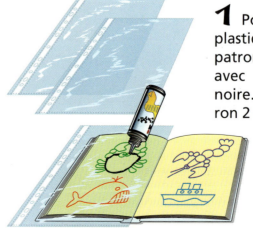

1 Poser la pochette en plastique directement sur le patron. Tracer les contours avec la pâte de contour noire. Laisser sécher environ 2 heures.

Pour les homards, on peut réaliser les petits points noirs après séchage de la couleur rouge.

3 Le motif étant solidifié au bout de 24 heures, le décoller délicatement de son support.

4 Positionner les motifs sur les carreaux de la salle de bain. Les motifs réalisés avec la peinture fenêtre adhèrent tout seuls si l'on appuie légèrement dessus.

2 Peindre ensuite l'intérieur en couleur, directement avec les tubes. Laisser sécher 24 heures.

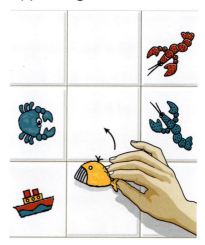

Que faire pour s'occuper, seul ou avec ses amis ? Des jeux de patience et d'imagination à fabriquer soi-même, en mousse ou en carton, des jeux d'adresse, mini-quilles ou bilboquets, à emporter partout avec soi, des marionnettes pour inventer son propre petit théâtre, un kaléidoscope pour voir le monde de mille façons ou un drôle de jeu d'échecs aux pièces modelées...

Velcro, chenille, bâtonnets ou élastique, tous les éléments sont faciles à trouver pour créer dans la bonne humeur une foule de jeux drôles et distrayants. Et si fabriquer était déjà un jeu ?

Tangram

Matériel
plaques de mousse de différentes couleurs, règle, crayon à papier, cutter (ou ciseaux).

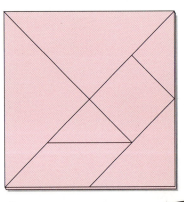

1 Tracer et découper un carré parfait de 20 × 20 cm dans de la mousse. Puis tracer une série de lignes comme sur le schéma en commençant par les diagonales.

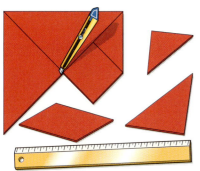

2 Découper la mousse en suivant les lignes pour obtenir les 7 pièces du tangram.

3 En combinant ces 7 pièces, on peut obtenir un grand nombre de figures différentes et même en inventer...

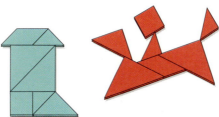

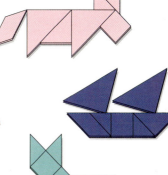

Animaux rigolos

Matériel
bouchons de liège, chenille, Coton-Tige, pailles coudées, ficelle, carton fin, colle, yeux mobiles, peinture, pinceau, ciseaux, couteau.

La girafe

1 Couper une rondelle de bouchon en deux pour la tête. Coller 4 morceaux de paille de 7 cm sur le reste du bouchon pour les pattes et un morceau de paille coudée pour le cou.

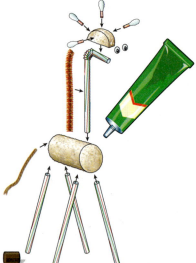

2 Pour les cornes et les oreilles, coller 4 extrémités de Coton-Tige. Ajouter une ficelle pour la queue. Laisser sécher et peindre. Coller des yeux mobiles et de la chenille pour la crinière.

Le zèbre

1 Prendre un bouchon pour le corps et un bouchon plus petit pour la tête. Découper 2 demi-cercles de carton pour les oreilles et un morceau de chenille pour la crinière. Pour les pattes, couper 2 Coton-Tige en deux. Effilocher un petit morceau de ficelle pour la queue.

2 Coller les éléments et laisser sécher. Peindre des rayures sans oublier la crinière et la queue.

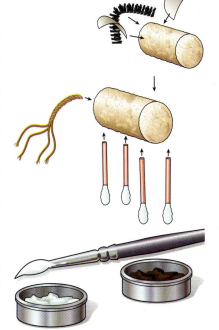

Les autres animaux se réalisent selon le même procédé et avec le même matériel. Seuls la taille et l'assemblage des éléments varient.

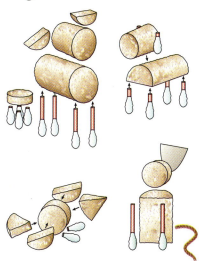

Jeux de patience

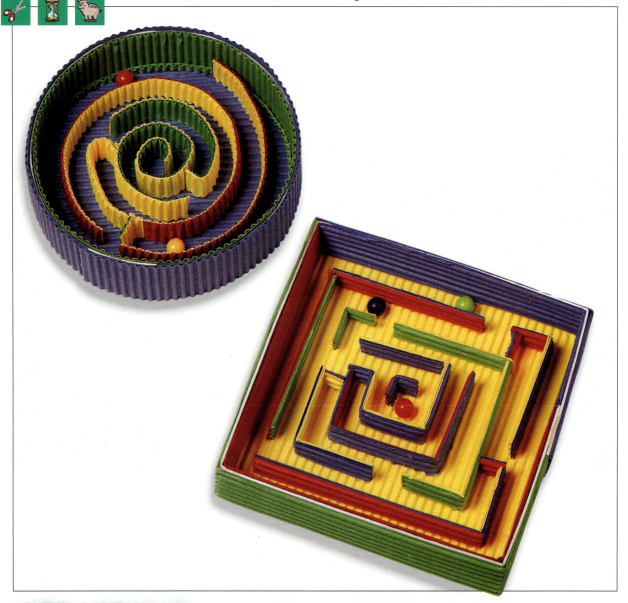

Matériel

boîtes à fromage, carton ondulé et papier fort de couleur, colle, crayon à papier, ciseaux cranteurs, ciseaux, perforatrice, petites perles rondes.

Labyrinthes

1 Coller dos à dos des cartons ondulés de différentes couleurs. Laisser sécher.

Découper plusieurs bandes de 1 cm dans le sens des cannelures pour le labyrinthe carré et dans le sens opposé aux cannelures pour le labyrinthe rond.

2 Recouvrir les bords et l'intérieur des boîtes avec du carton ondulé.

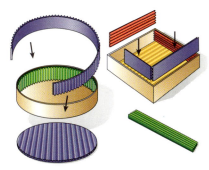

3 Tracer une spirale sur le fond de la boîte ronde et 5 carrés de plus en plus petits sur le fond de la boîte carrée.

4 Coller les bandes de carton sur les tracés en laissant certains passages ouverts et les autres fermés.

Pour jouer, essayer d'amener la perle au milieu en bougeant la boîte.

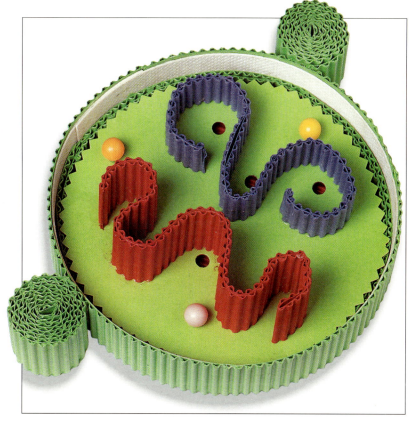

Placé c'est gagné !

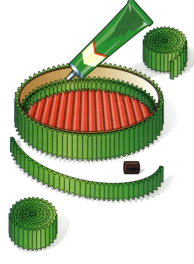

1 Recouvrir le fond et l'extérieur de la boîte de carton ondulé. Pour le bord intérieur, couper et coller 2 bandes à mi-hauteur. Pour les poignées, enrouler 2 bandes en serrant bien et les coller.

2 Tracer un cercle au diamètre intérieur de la boîte dans du papier épais. Le découper aux ciseaux cranteurs et y percer 6 trous.

3 Coller dos à dos du carton ondulé et découper 2 bandes d'environ 20 cm de longueur. Les coller entre les trous.

Pour jouer, essayer de placer les 6 perles sur les trous.

À la plage...

Matériel

bâtonnets plats standard (9,3 x 1 cm), baguettes carrées, balsa (ou carton), colle à bois à prise rapide, papier calque, couteau à dents, peinture, pinceau, crayon à papier.

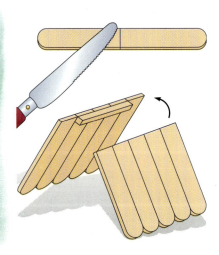

Les cabines

1 Couper 5 bâtonnets à 4,5 cm. Les coller côte à côte. Coller les 5 morceaux de bâtonnets restants (4,7 cm) côte à côte.

Coller les 2 séries en équerre sur une baguette carrée de 3 cm de longueur.

4 Coller tous les éléments et ajouter une porte en balsa. Laisser bien sécher et peindre l'ensemble.

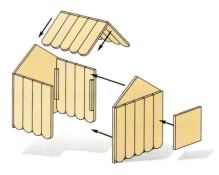

Le bateau

1 Coller 4 bâtonnets côte à côte. Couper en pointe l'avant du bateau.

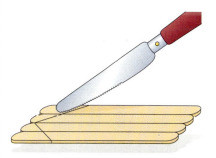

2 Couper 5 bâtonnets pour faire la coque et les coller à l'aide de baguettes. Pour le mât, couper la pointe d'un bâtonnet et le fixer au bateau à l'aide de 2 morceaux de baguette. Peindre l'ensemble et coller une voile en tissu.

2 Couper 8 bâtonnets de 5,7 cm. Coller 2 séries de 4 côte à côte. Ajouter au dos des morceaux de baguettes.

3 Tracer et couper dans le balsa le devant et le dos de la cabine. Couper 10 bâtonnets de 5,7 cm et les coller par cinq sur les façades.

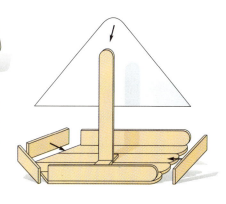

Percussions

Matériel

tube en carton, fil à scoubidou, grelots, colle, laine, carton d'emballage, cintre en métal, peinture, pinceau, feutre noir, plumes, perles, clous divers, riz et lentilles, vrille, ciseaux, couvercles et capsules en métal, marteau, compas, scotch large.

Bâton de pluie

1 Peindre le tube, laisser sécher et dessiner les motifs au feutre. Planter 12 clous qui ralentiront le passage des graines et imiteront le bruit de la pluie.

2 Scotcher une extrémité du tube, le remplir au tiers de riz et de lentilles, puis scotcher l'autre extrémité.

3 Décorer le tube avec de la laine, des perles et des clous de tapissier.

Tambourin

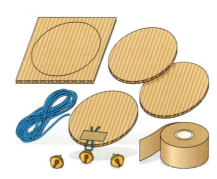

1 Tracer et découper 4 ronds de 17 cm de diamètre dans du carton. Glisser un morceau de fil à scoubidou dans chaque grelot en formant une boucle. Fixer à un rond à l'aide de scotch.

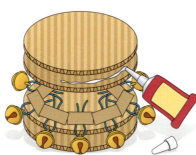

2 Superposer et coller les ronds en plaçant celui des grelots au milieu. Laisser sécher sous un gros livre.

3 Peindre et ajouter des clous à griffes et des punaises.

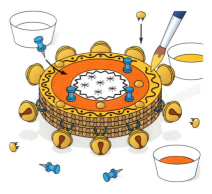

Crécelle

1 Demander à un adulte de percer le centre des capsules et des couvercles, de couper le cintre et d'en recourber les côtés.

2 Peindre les éléments à la peinture argentée, laisser sécher. Les enfiler sur le cintre en alternant avec des perles. Finir en scotchant les branches du cintre.

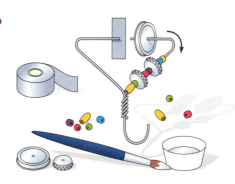

Bilboquets

Matériel
boîte d'œufs en carton, bouchons de bouteille et de vinaigrier, colle, rouleaux de papier toilette, aiguille, élastique fin, carton, ciseaux, couteau, compas, balles de ping-pong.

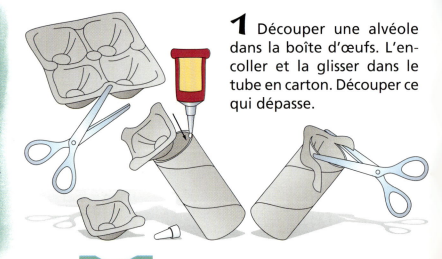

1 Découper une alvéole dans la boîte d'œufs. L'encoller et la glisser dans le tube en carton. Découper ce qui dépasse.

3 Tracer et découper une rondelle de carton et la coller en bas du tube. Peindre les tubes et les balles. Laisser un espace blanc pour les yeux.

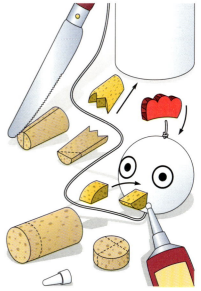

4 Découper les bouchons pour faire les becs et les pieds. Pour toutes les pattes et le bec du pingouin, utiliser des bouchons de vinaigrier. Découper la crête dans du carton. Peindre les éléments et les coller.

2 Enfiler l'élastique dans une aiguille, faire un nœud. Percer l'alvéole puis la balle de part en part. Finir par un nœud et coller.

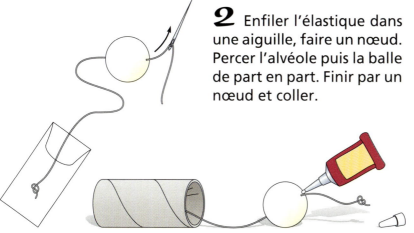

Anima pinces

Matériel
pinces à linge entières et décortiquées (standard et petites), perles, colle forte, pâte à modeler autodurcissante, peinture, pinceau, petite scie.

Le crocodile

1 Encastrer et coller 3 pinces entières et les peindre. Pour les pieds, coller deux fois 2 petites pinces côte à côte. Les peindre et les coller au corps.

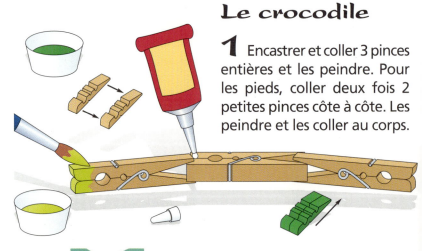

2 En présence d'un adulte, scier des morceaux de petites pinces pour les écailles et un morceau de pince standard pour la queue. Peindre les éléments avant de les coller. Peindre 2 perles pour les yeux.

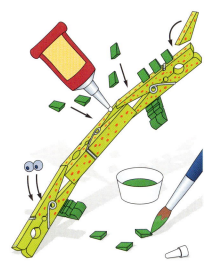

L'oiseau rigolo

1 Former les pieds comme pour le crocodile et les coller à 2 pinces standard. Pour le bec, coller 2 pinces standard à la base.

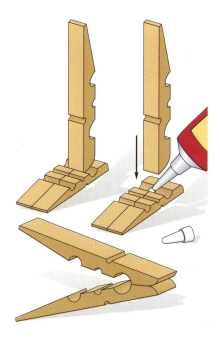

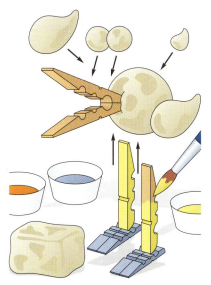

2 Modeler les ailes, une boule pour le corps et la queue. Introduire les pattes et le bec dans le corps, fixer la queue et laisser bien sécher. Coller 2 perles pour les yeux. Peindre.

Le zèbre

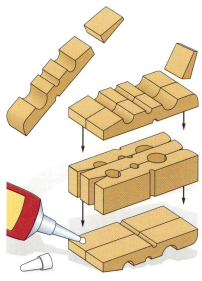

1 Pour le corps, scier les extrémités de 7 pinces standard. Assembler et coller les pinces comme sur le schéma. Ajouter un morceau de petite pince pour la queue.

2 Scier les extrémités de 4 pinces et les coller au corps pour faire les pattes.

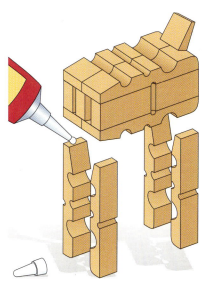

3 Reconstituer une pince standard entière et la couper en deux. Coller la partie représentant les oreilles à angle droit sur la tête. Couper et coller 2 petits morceaux de pince pour le cou. Coller l'ensemble de la tête sur le corps. Ajouter 2 perles pour les yeux et peindre l'ensemble.

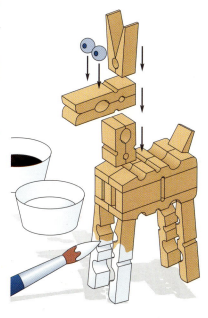

Mini-bureau

Matériel

grosses boîtes d'allumettes, carton d'emballage, plaques de mousse, baguette, scotch, scotch double-face, papier calque, ciseaux à vagues, ciseaux, peinture, pinceau, crayon à papier, règle, patrons page 245.

1 Coller deux séries de 3 boîtes d'allumettes à l'aide de scotch double-face.

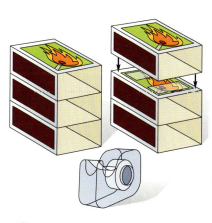

2 Reporter les patrons du plateau, du fond et des côtés du bureau sur du carton. Découper.

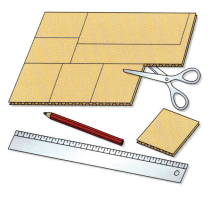

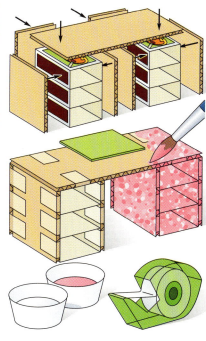

3 Assembler et coller les éléments. Renforcer avec du scotch. Peindre et laisser sécher. Coller un rectangle de mousse pour le sous-main.

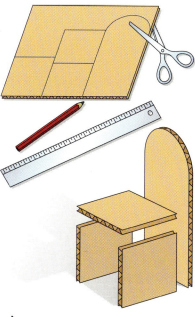

4 Pour la chaise, reporter les patrons sur du carton et découper. Assembler les éléments avec du scotch. Peindre comme le bureau.

5 Peindre une baguette de 15 cm en doré. Découper 3 carrés de 4 × 4 cm dans du carton. Les coller les uns sur les autres. Peindre et laisser sécher. Percer un trou dans le socle. Encoller la baguette et la glisser dans le trou.

6 Reporter le patron de l'abat-jour sur de la mousse. Découper le bord arrondi aux ciseaux à vagues. Fermer en forme de cône à l'aide de scotch double-face. Fixer l'abat-jour à la baguette avec une punaise.

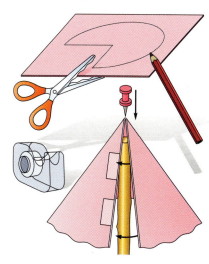

Habits de poupées

Matériel
feutrine, chouchous,
attaches parisiennes,
collant blanc,
gel pailleté,
tulle (rose, blanc),
ruban de perles,
fil à scoubidou,
plaque de mousse,
scotch double-face,
épingle à nourrice.

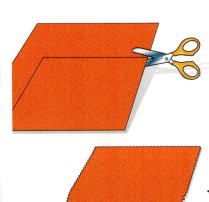

La robe orange

1 Dans la feutrine, découper aux ciseaux cranteurs un rectangle de 24 × 18 cm. Arrondir les angles du bas. Couper 2 petits chouchous pour les bretelles.

2 Faire 4 plis régulièrement espacés et les agrafer. Pour les bretelles, couper 2 chouchous et les agrafer entre 2 plis. Fermer la robe avec un chouchou autour de la taille.

La robe du soir

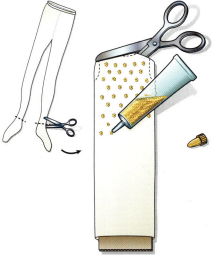

3 Agrafer les côtés de la jupe sur 12 cm, puis retourner. Habiller la poupée. Tirer sur le fil à scoubidou pour froncer la taille. Faire un nœud derrière.

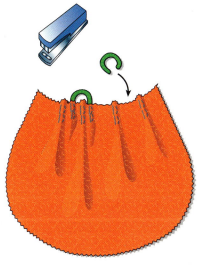

1 Couper le pied d'un collant blanc à 23 cm. Découper des ouvertures pour la tête et les bras. Glisser un carton et décorer le devant au gel pailleté. Habiller la poupée.

3 Pour le sac, découper un rectangle de feutrine de 9 × 15 cm. Le plier en deux, agrafer et retourner.

4 Découper une ceinture de 13 × 1,5 cm dans de la mousse. Percer 5 trous et y enfiler le ruban de perles. Faire des longueurs de 15 cm et scotcher les extrémités au dos. Fermer la ceinture à l'aide de scotch double-face.

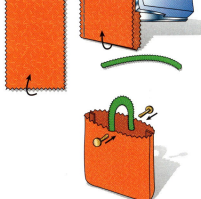

4 Pour l'anse, couper un chouchou et le fixer au sac à l'aide d'attaches parisiennes. Finir en collant 2 rectangles de feutrine sur les attaches à l'aide de scotch double-face.

2 Dans le tulle, découper 3 rectangles de 65 × 20 cm (2 roses et 1 blanc). Les superposer comme sur le schéma. Replier 1 cm en haut et coudre. Passer le fil à scoubidou à l'aide d'une épingle à nourrice.

Kaléidoscope

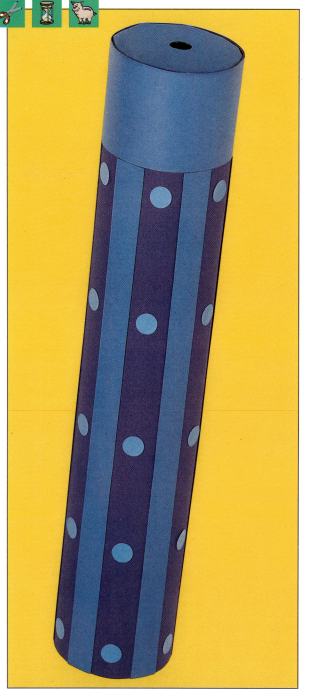

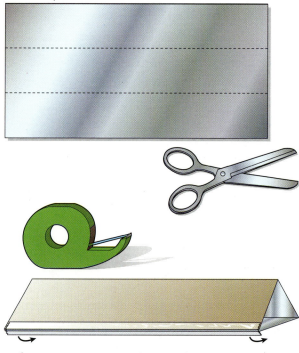

1 Découper un rectangle de 21 × 10,5 cm dans le papier miroir. Le plier en trois pour former un triangle. Disposer la face brillante à l'intérieur et scotcher.

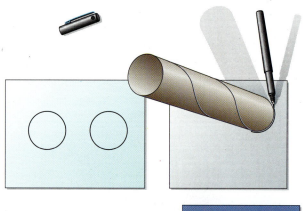

2 À l'aide du tube, tracer 2 cercles sur du Rhodoïd au feutre indélébile, un cercle sur le papier calque et un cercle sur le papier de couleur.

Matériel

rouleau d'essuie-tout, Rodhoïd, papier miroir, papier calque et papier de couleur, scotch, feutre indélébile, colle, ciseaux, cutter, perles et gommettes.

3 Découper un cercle en Rhodoïd et le cercle en papier calque en suivant le tracé. Pour le 2ᵉ cercle en Rhodoïd et celui en papier de couleur, découper à 1 cm à l'extérieur du tracé. Faire des crans et les replier pour former des bouchons.

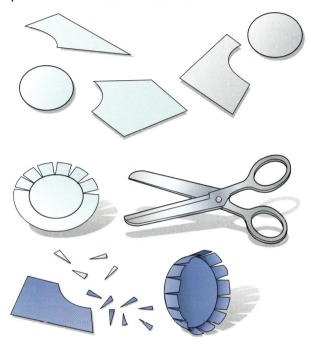

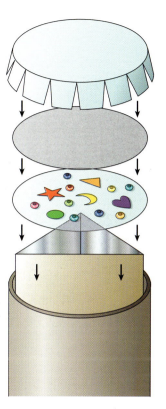

5 Placer le 1ᵉʳ cercle de Rhodoïd et y poser des perles et des gommettes. Fermer le tube avec le cercle en papier calque puis scotcher le bouchon en Rhodoïd.

4 À l'aide d'un cutter, découper un petit trou de 7 mm de diamètre dans le cercle en papier de couleur. Scotcher ce bouchon à une extrémité du tube. Glisser le triangle à l'intérieur du tube.

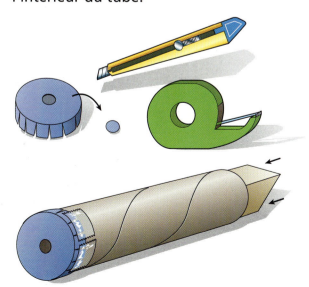

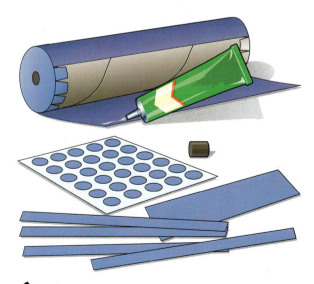

6 Enrouler et coller une feuille de papier de couleur autour du tube. Décorer avec des gommettes. Regarder à l'intérieur du tube par le petit trou en faisant tourner le kaléidoscope.

Morpion de poche

Matériel
carton ondulé de couleur, règle, petits boutons, crayon à papier, ciseaux, colle, chenille.

2 Pour la pochette, tracer et découper un carré de 13,5 cm de côté. Plier les 4 coins, y glisser le plateau de jeu. Percer 2 trous et fermer avec un morceau de chenille.
Ranger les boutons sous le plateau de jeu avant de fermer la pochette.

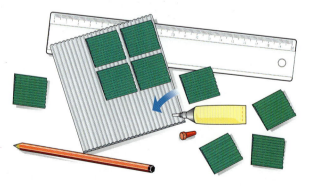

1 Sur l'envers d'un carton, tracer et découper un carré de 9 cm de côté. Dans un carton d'une autre couleur, tracer et découper 9 petits carrés de 2,5 cm de côté. Les coller sur le grand carré en inversant le sens des cannelures.

Règle du jeu

Chacun des 2 joueurs choisit 5 pions d'une couleur et place un pion sur une case à tour de rôle. Le gagnant est le premier à aligner trois de ses pions que ce soit en largeur, en hauteur ou en diagonale.

Mini-quilles

Matériel
pâte à modeler autodurcissante, peinture, pinceau, couteau.

1 Modeler des boules et des boudins pour les quilles et une boule plus grosse pour la balle.

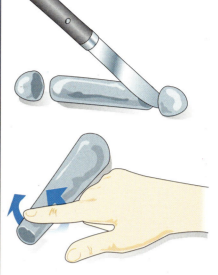

2 Couper les extrémités des boudins. Rouler le haut entre les doigts pour le rétrécir et l'aplatir un peu.

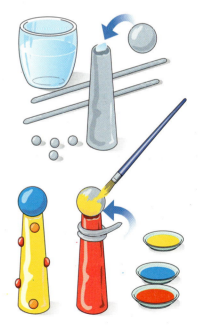

3 Fixer le haut des quilles avec un peu d'eau. Décorer avec des rouleaux de pâte très fins et de minuscules boules. Laisser sécher et peindre.

Awalé

Matériel
boîtes à œufs en carton, papier mâché (voir page 8), scotch, peinture, pinceau, graines, haricots secs, petites pierres colorées ou perles fantaisie, vernis (facultatif).

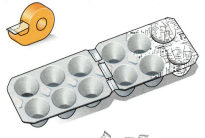

1 Scotcher 2 boîtes à œufs bout à bout. Déchirer des morceaux de papier journal, les encoller à la colle à papier peint. Recouvrir les boîtes d'œufs de plusieurs couches de papier mâché.

2 Laisser sécher plusieurs heures avant de peindre les boîtes. Vernir (facultatif).

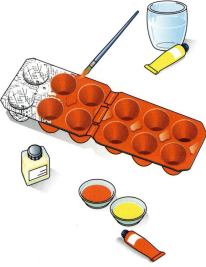

134

Règle

Les 2 joueurs se placent chacun face à une rangée de 6 cases (leur territoire), contenant chacune 4 graines. Le premier joueur, tiré au sort, ramasse les graines dans l'une de ses cases et les répartit une à une dans les 4 cases suivantes dans le sens inverse des aiguilles d'une montre. Puis c'est au tour de l'autre joueur et ainsi de suite.

Si sa dernière graine tombe dans une cavité où se trouvent (avec la sienne) 2 ou 3 graines, le joueur ramasse les graines et les stocke en dehors du jeu. Il ramasse également les graines des cases contiguës précédentes si elles ne contiennent pas plus de 3 graines.

Si sa dernière graine tombe dans une cavité où le nombre de graines dépasse 3 ou s'il n'y a qu'une seule graine en tout, le joueur passe son tour.

Lorsqu'une case contient plus de 12 graines et que le joueur doit les répartir, cette case doit rester vide et être sautée.

Le gagnant est celui qui amasse le plus de graines.

Jeux d'adresse

Matériel

carton blanc, papiers de différentes couleurs, balles de ping-pong, bande velcro de 2 largeurs, règle, compas, crayon à papier, ciseaux, colle.

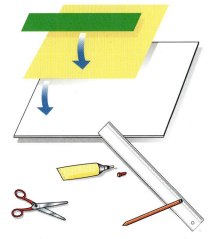

La cible à fleurs

1 Tracer et découper un carré de 38 cm de côté dans le carton blanc et un de 30 cm de côté dans du papier jaune. Coller le carré jaune sur le blanc. Découper une bande de 30 × 7 cm dans du papier vert foncé, la coller en bas du carré jaune.

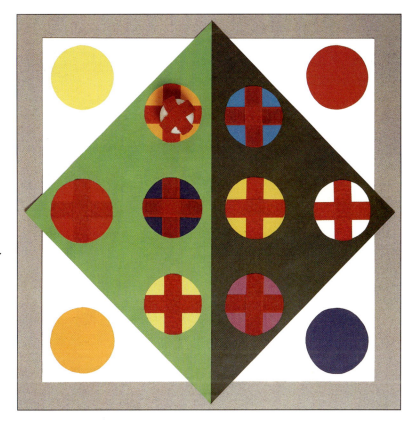

2 Dans des papiers de différentes couleurs, tracer et découper un vase, 8 fleurs et des feuilles. Les coller.

3 Découper 6 cercles dans une bande large de velcro. Choisir le côté piquant et en coller sur certaines fleurs.

4 Entourer 4 balles en collant des bandelettes de velcro côté doux.
Lancer les balles sur la cible en essayant d'en accrocher le plus possible.

La cible carrée

1 Tracer et découper un carré de 38 cm de côté dans le carton blanc et 2 carrés de 30 cm de côté dans des papiers de couleurs différentes. Couper un carré en deux et coller comme sur le schéma.

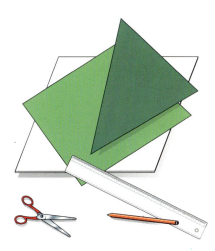

2 Tracer et découper 12 ronds de 7 cm de diamètre dans des papiers de couleur. Les coller sur la cible en les espaçant régulièrement.

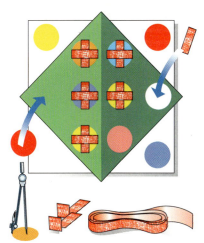

3 Découper 16 bandes de velcro de 7 cm de longueur. Choisir le côté piquant et les coller sur les ronds en formant des croix.

Marionnettes

Matériel
rouleaux de papier toilette, feutrine, carton, papier fort, yeux mobiles, crayon, colle, bouchons, couteau, peinture, pinceau, patrons page 246.

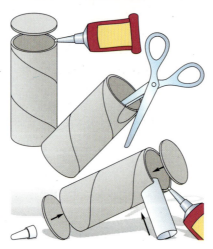

1 Boucher un côté du tube avec une rondelle découpée dans du carton ou du papier fort. Pour la tête du loup, tracer un demi-cercle sur un côté du rouleau, découper. Découper un morceau de papier fort de 10 × 7 cm pour le cou, l'enrouler et le coller dans le tube. Fermer avec 2 rondelles.

3 Reporter les patrons des coiffures sur du carton, les découper et les coller sur la tête. Peindre. Coller des yeux mobiles.

4 Ajouter des moustaches, des sourcils et des oreilles au gendarme. Pour le loup, peindre une bande rouge et coller du papier découpé pour les dents.

2 Pour le nez, découper un bouchon en biseau, le coller. Découper la bouche, les paupières et les pommettes dans du carton. Les coller et peindre la tête.

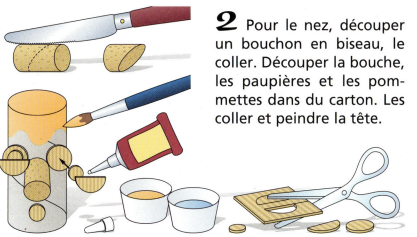

5 Reporter le patron de la robe sur 2 épaisseurs de feutrine. Découper et coller les bords en laissant une ouverture pour la tête. Découper les autres accessoires, les coller sur la robe.

Mini-bolides

Matériel

rouleaux en carton de différents diamètres (de papier toilette, aluminium), bouchons de vin et de champagne, colle, cure-dents, boîte d'œufs en carton, allumettes, carton fin, papier fort, ciseaux, peinture.

Les bolides

1 Tracer et découper un trou d'environ 3,5 cm de diamètre dans un rouleau de papier toilette. Coller le rond ainsi découpé en guise de pare-brise. Découper une alvéole dans la boîte d'œufs et la coller à l'extrémité du tube. Coller une rondelle en carton à l'autre extrémité.

2 Dans un tube en carton de diamètre plus petit, découper 5 anneaux de 1 cm de largeur. En recouvrir 4 à l'aide de rondelles en carton pour les roues. Coller le 5e à l'arrière du bolide.

3 Peindre les éléments.

4 Transpercer le tube de part en part à l'aide de cure-dents. Piquer les 4 roues dessus en ajoutant un point de colle.

5 Pour le pilote, coller un bouchon de champagne sur une rondelle de bouchon de 2 cm. Enfoncer et coller un morceau d'allumette pour le nez. Peindre.

La fusée

1 L'arrière se réalise comme les bolides. Pour la pointe, tracer et découper un cercle de 6 cm de rayon dans du papier fort. Couper un quart du cercle, l'enrouler pour former un cône et le coller à l'extrémité du tube.

2 Peindre la fusée avant de coller les ailerons en carton.

Jeu d'échecs

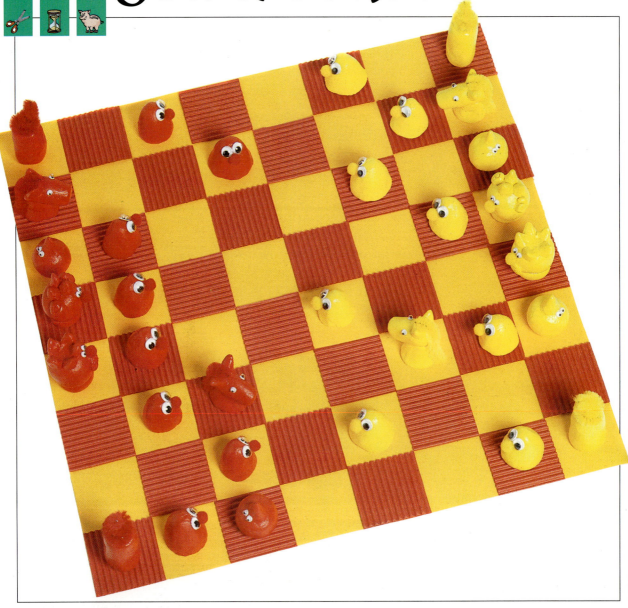

Matériel
bristol et carton ondulé de couleur, pâte à modeler autodurcissante, mini pompons, chenille, colle, ciseaux, règle, petits yeux mobiles, peinture, pinceau.

Dans du bristol de couleur, tracer et découper un carré de 32 × 32 cm. Au dos d'une feuille de carton ondulé d'une autre couleur, tracer 32 carrés de 4 × 4 cm. Les découper et les coller en damier sur le bristol.

Un jeu d'échecs se compose de 32 pièces : 16 pièces foncées et 16 pièces claires. Dans chaque couleur on réalisera 1 roi, 1 reine, 2 fous, 2 cavaliers, 2 tours et 8 pions.

Le roi et la reine

1 Modeler 4 boules pour les têtes et 4 boules plus petites. Aplatir les petites boules et poser les têtes dessus. La couronne du roi se compose de 5 petits cônes et celle de la reine de 3. Les fixer sur les têtes.

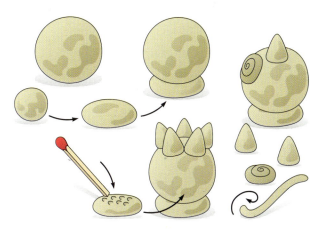

2 Enrouler 2 boudins en spirale pour la coiffure de la reine et aplatir une boulette pour la barbe du roi. Tracer les poils de la barbe à l'aide d'une allumette.

Les cavaliers

Modeler 4 cônes et aplatir les pointes. Poser sur chacun 1 boudin pour la tête. Ajouter 2 petits cônes pour les oreilles.

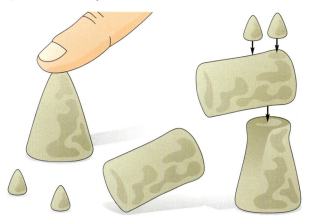

Les tours, les fous et les pions

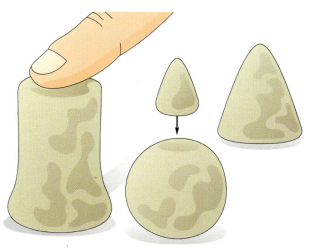

Pour les tours, modeler 4 boudins et les élargir à la base en appuyant dessus. Pour les fous, modeler 4 petits cônes et 4 boules. Poser les cônes sur les boules. Modeler 16 cônes pour les pions en arrondissant les pointes.

Bien laisser sécher les pièces avant de les peindre. Ajouter ensuite de la chenille pour les tours et les crinières. Coller des yeux mobiles à tous les éléments sauf aux tours. Coller des mini pompons pour les nez du roi, de la reine et des pions.

À chaque fête son décor : voici des cartes-surprise pour inviter ses amis, des bonbons mis en scène et des masques géants pour une fête déguisée. Pour Pâques, les œufs se parent de plumes et de paillettes ou reposent sagement dans des nids de papier.

De jolis bijoux ou des tasses aux décors tendres feront de merveilleux cadeaux pour la fête des pères ou des mères. Pour Halloween, les friandises se métamorphosent en citrouilles et des sorcières volent accrochées à des ressorts !
Et quand vient Noël, les fenêtres de la maison s'ornent de vitraux multicolores... Au pied du sapin décoré de feutrine, des boîtes précieuses attendent l'heure des cadeaux.

Cartes d'invitation

Matériel

bristol blanc, papier fort, papier calque et papier brillant de couleur, colle, ficelle dorée, règle, feutres turquoise et doré, ciseaux, cutter, compas, patrons page 242.

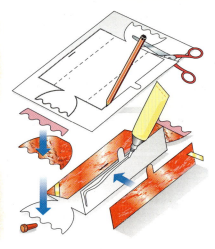

Carte surprise

Agrandir et reporter le patron sur du bristol blanc et découper. Replier la carte selon les pointillés, en coupant la petite fente pour glisser la languette.
Coller du papier rouge brillant sur le dessus. Ajouter les bandes de papier doré et rose.

Les ballons

Découper un carré de 22 × 22 cm dans du bristol et dans du papier rouge. Agrandir et reporter le patron des ballons sur le carré rouge et évider la forme. Reporter chaque ballon sur un papier calque bleu et les découper à 2 mm du tracé. Ajouter un masque en papier doré. Coller les ballons au dos du papier rouge et le tout sur le bristol.

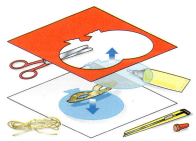

Cocktail

Découper un rectangle de bristol de 15 × 23 cm. Dessiner un verre au feutre et évider la forme du liquide. Coller du papier calque jaune au dos. Pour le citron, découper les 3/4 d'un cercle dans du papier jaune et 1/4 dans du calque. Les coller et tracer un cercle au feutre jaune autour. Découper et coller un nœud rouge.

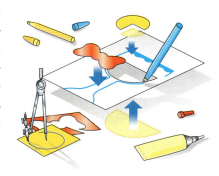

Champagne !

Agrandir et reporter le patron de la bouteille sur du papier vert. Tracer et découper une étiquette dans du papier blanc. Reporter ensuite le haut de la bouteille sur du papier doré. Coller les éléments. Ajouter une ficelle et un filet au feutre doré.

Déco-party

Matériel

carton ondulé de couleur,
papier crépon assorti,
fil à coudre, règle,
perforatrice, ciseaux, colle,
crayon à papier.

3 Découper des bandes d'environ 25 × 2 cm dans du papier crépon assorti. Les coller au dos des cartons. Puis coller les cartons ensemble au niveau des triangles (ou des créneaux).

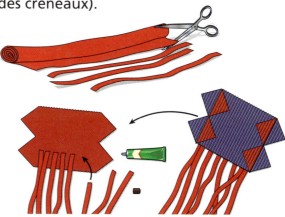

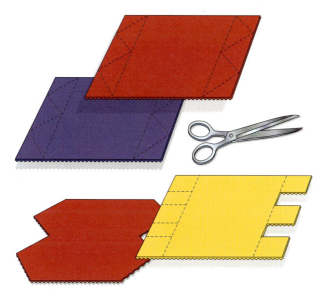

1 Au dos du carton ondulé, tracer et découper 2 rectangles de 23 × 14 cm. Utiliser 2 couleurs différentes. Les découper. Puis tracer 2 traits à 4 cm des bords. Y découper soit 2 triangles, soit des créneaux.

4 Faire un trou sur les 2 épaisseurs. Y glisser un morceau de fil à coudre de la longueur voulue pour pouvoir les suspendre.

5 Pour les guirlandes, découper des bandes de 10 ou de 20 cm sur toute la longueur du rouleau. Plier les bandes 2 ou 3 fois pour découper des franges. Les suspendre à l'aide de fil.

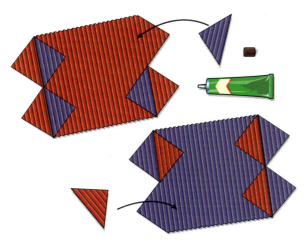

2 Pour les suspensions aux triangles, découper 4 autres triangles de chaque couleur et les coller comme sur le schéma.

149

Drôles de bonbons

Matériel
brochettes en bois, cure-dents, bonbons de différentes formes, guimauve, bonbons fils.

Les 5 figures sont réalisées en enfilant des bonbons de toutes sortes sur des brochettes en bois. Des cure-dents permettront parfois d'ajouter des mains ou des yeux.
On pourra les planter dans un gâteau ou sur un socle de polystyrène pour la décoration d'un goûter ou d'une fête.

2 De la guimauve torsadée sera idéale pour former le corps du clown ou les pattes avant du chat. Ajouter des bonbons pour les mains en les piquant à l'aide de morceaux de cure-dents.

3 À l'aide de cure-dents, piquer 2 bonbons « œufs » pour les yeux de la grenouille. Pour les yeux et les nez des autres, enfoncer directement des petits bonbons. Des bonbons fils seront parfaits pour réaliser les cheveux, les moustaches ou les pattes de la chenille.

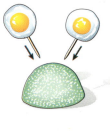

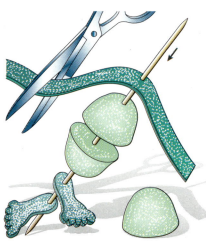

1 Commencer toujours par le bas des corps. Il existe des bonbons en forme de pieds, sinon on peut utiliser des bonbons assez plats. Les boules ou les demi-boules seront parfaites pour former les corps ou les têtes. Pour la grenouille et la danseuse, utiliser des bonbons en bandes que l'on peut couper aux ciseaux.

Lunettes fantaisie

Matériel
papier fort et plastique transparent de couleur, chenille, feutre indélébile, boules de cotillon, scotch double-face, ciseaux cranteurs, cabochons, patrons page 247.

1 Reporter le patron de la monture sur du papier fort de couleur. Découper le bord aux ciseaux cranteurs pour le modèle rose ou faire des trous à l'aide d'une perforatrice sur la monture pour le modèle noir.

Évider le rond intérieur à l'aide d'un cutter.

2 Poser directement le plastique transparent de couleur sur les patrons des décors et les reporter à l'aide d'un feutre indélébile. Découper.

3 Fixer la forme la plus grande à l'aide de petits morceaux de scotch double-face au dos de la monture. Puis fixer de la même façon la forme plus petite sur le devant de la monture.

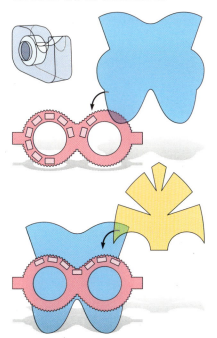

4 Pour la version noire, colorier des œillets à l'aide d'un feutre indélébile et les coller sur le plastique. Réaliser des pointillés au feutre. Pour la version rose, coller des cabochons.

5 Torsader 2 chenilles pour chaque branche et les recouper à 16 cm. Les fixer à la monture à l'aide de scotch toilé. Percer 2 boules de cotillon, les enfiler à l'extrémité des branches. Finir en recourbant la chenille.

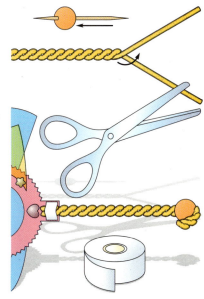

Masques géants

Matériel

carton ondulé épais, carton, ciseaux, cutter, colle, crayon, balles de ping-pong, peinture, pinceau.

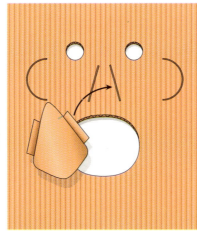

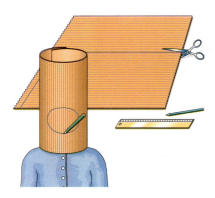

1 Découper un rectangle de 47 × 65 cm dans le carton en disposant les cannelures verticalement. L'enrouler en cylindre autour de la tête. Demander à un adulte de le scotcher provisoirement au dos et d'y tracer l'emplacement du visage.

3 Dans du carton plus fin, tracer un triangle d'environ 11 cm de hauteur pour le nez avec 2 rabats sur les côtés. Découper, insérer les rabats dans les fentes et coller au dos.

5 Coller des balles de ping-pong pour les yeux. Peindre la pupille. Coller les cils sur les balles. Peindre tous les éléments ainsi qu'une bande blanche pour les dents. Les coller.

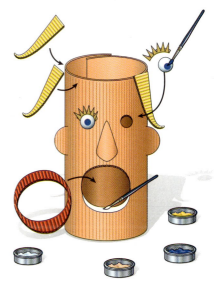

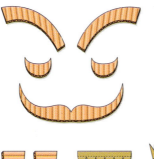

2 Tracer 2 demi-cercles pour les oreilles, 2 ronds de 3,5 cm de diamètre pour les yeux et 2 traits pour l'attache du nez. Découper au cutter en laissant la base des oreilles.

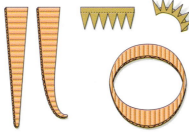

4 Dans le carton ondulé, tracer et découper des sourcils et des moustaches pour l'homme. Pour la femme, découper des lèvres et des triangles allongés pour les cheveux. Pour les cils, découper une bande de 6 × 2,5 cm dans du carton plus fin. Y découper des triangles, les replier.

6 Refermer le cylindre et le coller. Reporter le rond de l'ouverture sur du carton, découper, peindre et coller en haut du tube. Découper la base du cylindre, sur les côtés, au niveau des épaules.

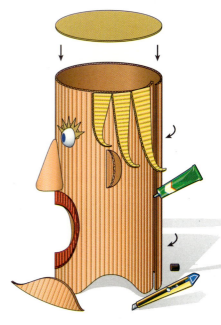

Œufs multicolores

Matériel

œufs naturels vidés, œufs en styropor, brochettes en bois, punaises, chenilles, épingles, chouchou, cabochons, plumes, boules de cotillon, fil de fer fin, cerne relief doré (peinture vitrail), gel pailleté, feutre noir.

Œufs naturels

1 Pour vider un œuf, percer un trou à chaque extrémité avec une aiguille. Se placer au-dessus d'un bol et souffler fort dans l'un des trous pour faire sortir le blanc et le jaune. Rincer.

2 Décorer les œufs à la peinture et au feutre en s'inspirant de la photo. Glisser un morceau de fil de fer et des boules de cotillon, des plumes ou décorer avec du gel pailleté.

Œufs en styropor

1 Peindre les œufs et laisser sécher. Décorer au feutre, avec des cabochons ou du cerne relief doré. Les transpercer à l'aide d'une brochette pour y glisser des plumes, de la chenille ou une ficelle dorée avec des boules de cotillon.

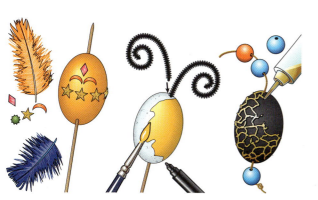

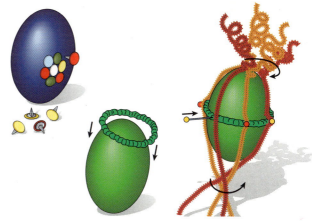

2 Peindre les œufs. Décorer le premier en piquant des punaises multicolores. Pour le deuxième, enrouler un chouchou au milieu, tendre des morceaux de chenille et les fixer à l'aide d'épingles à tête sur le chouchou. Finir en torsadant les chenilles.

Pâques gourmand

Matériel

carton, papier, papier crépon, 2 couronnes en styropor (15 cm), raphia, 40 œufs, 10 lapins et une cloche en chocolat, scotch double-face, cure-dents.

1 Tracer et découper un rond de 23 cm de diamètre dans le carton. Le recouvrir en collant un rond de papier vert dessus.

Effranger une bande de papier crépon vert de 2 m sur 10 cm de largeur. La plier en deux puis la scotcher en arrondi sur le rond en faisant 2 tours.

2 Découper de longues bandes de papier crépon jaune, de 3 cm de largeur. Recouvrir les 2 couronnes. Scotcher les extrémités. Fixer les 2 couronnes sur le socle à l'aide de scotch double-face.

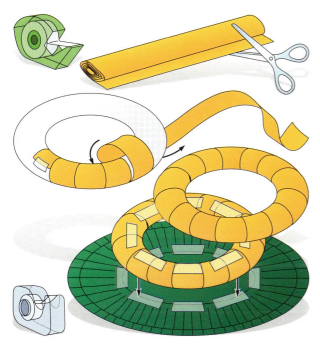

3 Fixer une dizaine de poissons en chocolat sur un brin de raphia à l'aide de scotch double-face. Nouer ce collier autour de la couronne inférieure.

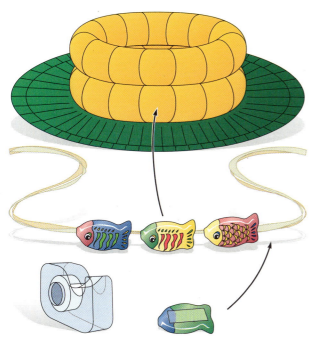

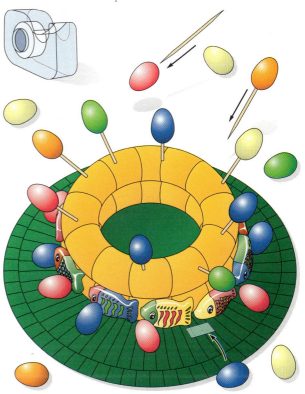

4 Enfoncer des cure-dents dans les œufs et les piquer plus ou moins profondément dans la couronne supérieure. Fixer quelques œufs sur les franges à l'aide de scotch double-face.

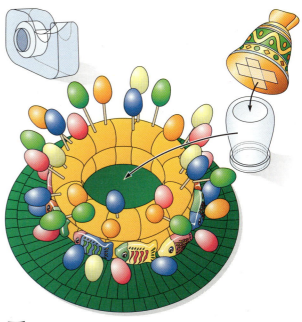

5 Placer un pot de yaourt au centre des couronnes et y fixer une cloche en chocolat à l'aide de scotch double-face.

Courrier printanier

Matériel

papier fort et papier fin de couleur, colle, bristol, pinceau, brosse à pochoir, peinture, règle, crayon à papier, cutter, ciseaux, patrons page 233.

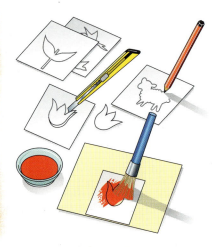

Technique du pochoir :

Reporter les patrons du mouton, des oiseaux et de la tulipe sur du bristol. Évider soigneusement les motifs à l'aide d'un cutter. Placer le pochoir sur la carte et tamponner de la peinture à l'aide de la brosse à pochoir. Laisser sécher avant de passer au motif suivant.

Tulipes et oiseaux

Plier une feuille (21 × 29,7 cm) de papier fort jaune pâle en deux pour la carte aux tulipes. Pour les oiseaux, plier en deux un carré de papier orange de 21 × 21 cm. Peindre les motifs au pochoir. Pour les tulipes commencer par les queues. Pour les oiseaux, peindre couleur après couleur.

Bouquet de fleurs

Découper un rectangle de 15 × 21 cm dans du papier rouge et le plier en deux. Déchirer 2 carrés de papier de couleur. Les coller. Peindre des fleurs dessus.

Moutons

Découper un rectangle de 15 × 30 cm dans du papier fort jaune et un rectangle de 12 × 12 cm dans du papier vert. Plier le jaune en deux.

Peindre des moutons blancs au pochoir sur le carré vert. Laisser sécher et coller au milieu de la carte jaune.

Jolis coquetiers

Matériel

métal en feuille, fil de fer fin, stylo bille, compas, peinture vitrail, papier calque, colle universelle, pinceau, ciseaux, patron page 247.

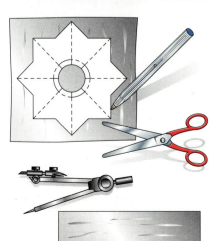

Coquetiers « corolle »

1 Reporter le patron de la corolle sur le métal en appuyant légèrement sur la pointe du stylo. Tracer les cercles au compas. Découper la corolle. Tracer et découper une bande de métal de 4 × 14,5 cm pour la base du coquetier.

2 Évider le centre de la corolle. Découper l'anneau central en créneaux en retirant un morceau de métal sur deux. Replier les morceaux restants.

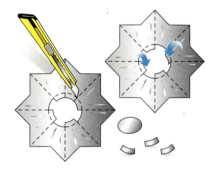

3 Coller la bande de métal sur 1 cm en formant un cylindre. Le coller à la corolle à l'aide des créneaux.

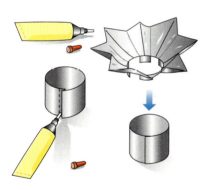

4 Faire des plis avec les mains afin de modeler les pétales. Peindre à la peinture vitrail. Pour faire d'autres modèles, reporter le même patron en dessinant des formes de pétales différentes.

Coquetier lapin

2 Prendre un fil de fer de 60 cm et le tordre pour former la tête du lapin. Percer 2 trous à la base du coquetier, y glisser les extrémités du fil de fer. Finir en recourbant le fil. Peindre.

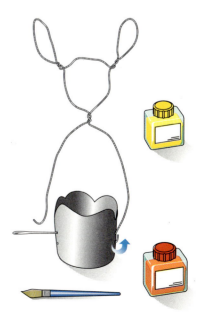

1 Découper une bande de métal de 5 × 15 cm. Faire des découpes arrondies comme sur le schéma et la coller pour former un cylindre.

Vases tendresse

Matériel

grands verres, papier de soie de couleur, règle, papier calque, colle à papier peint, ciseaux, crayon, compas, pinceau, vernis (facultatif), patrons page 248.

Les papillons

1 Découper des bandes de papier de soie de 8 × 20 cm. Les plier en quatre. Reporter le patron du papillon et découper les épaisseurs ensemble.

Plier une bande de papier de soie vert. Tracer des petites feuilles et les découper.

2 Préparer un peu de colle selon les indications du fabricant. Encoller les motifs à l'aide d'un pinceau. Les fixer délicatement sur les verres afin de ne pas déchirer le papier. Laisser sécher et vernir (facultatif).

Les bulles

Plier des bandes de papier de soie et tracer des cercles de différents diamètres. Découper et coller les motifs comme pour les papillons.

Les jardinières

1 Plier une bande de papier de soie rouge de 20 × 8 cm en quatre. Reporter le patron de la jardinière, découper.

2 Reporter 4 fois le patron du cercle sur du papier vert et 4 fois celui du tronc sur du papier marron. Découper et coller les éléments.

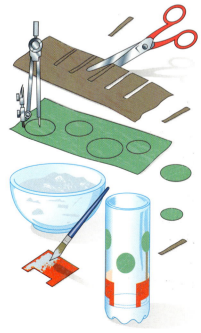

Jolis cœurs

Matériel
vaisselle en porcelaine blanche, bristol, peinture et feutres pour porcelaine 150°, éponge, cutter, scotch repositionnable.

Déjeuner jaune

1 Bien nettoyer et sécher la vaisselle avant de commencer.
Tremper le coin d'une éponge dans de la peinture jaune et peindre l'extérieur de la tasse et l'intérieur de la soucoupe en tamponnant. Laisser sécher 15 minutes.

2 Dessiner un cœur sur du bristol et l'évider à l'aide d'un cutter pour faire un pochoir.

3 Scotcher le pochoir sur la soucoupe et peindre un cœur à l'éponge avec de la peinture rouge. Laisser un peu sécher, décoller le pochoir et renouveler l'opération pour réaliser les autres cœurs. Décorer ainsi la soucoupe et la tasse.

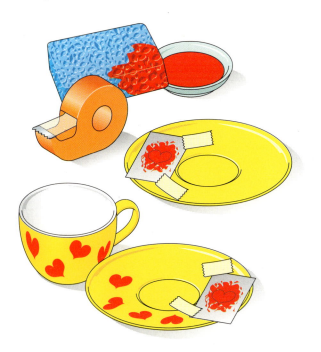

Rayures et cœurs

Peindre des lignes multicolores directement avec les feutres pour porcelaine. Tracer du centre vers les bords pour la soucoupe et du bas vers le haut pour la tasse. Dessiner ensuite des cœurs de différentes tailles sur les lignes.

Cuisson

Laisser bien sécher 24 heures à l'air libre afin d'éviter la formation de bulles lors de la cuisson. En présence d'un adulte, préchauffer le four et faire cuire 35 minutes à 150°.

La peinture pour porcelaine résiste au lavage mais il est préférable d'utiliser une éponge douce pour la vaisselle.

Mémo-cadeaux

Matériel

mousse en plaques, carton ondulé, feutrine, croquet, chenille, perles rondes et carrées, Post-it, règle, crayon à papier, ciseaux pointus, poinçon.

Pochettes carrées

1 Tracer et découper, dans la mousse ou dans le carton ondulé, un rectangle de 7,6 × 21 cm.

Avec la pointe des ciseaux (ou avec un petit poinçon pour la mousse), percer 4 trous comme sur le schéma.

3 Pour refermer la pochette, couper 2 morceaux de croquet de 10 cm. Les glisser dans les trous. Enfiler une perle et faire un nœud à chaque extrémité.

Grandes pochettes

Découper un rectangle de 16 × 21 cm pour la pochette en feutrine et un rectangle de 13 × 21 cm pour la pochette en mousse. Procéder de la même façon pour le système de fermeture. Utiliser de la chenille à la place du croquet pour la pochette en mousse.

2 Plier le carton (ou la mousse) en trois. Glisser un morceau de croquet de 20 cm dans un trou, le tendre sous la pochette et le ressortir par l'autre trou.

Enfiler 2 perles carrées, finir par un nœud à chaque extrémité. Couper l'excédent de croquet.

Scoubijoux

Matériel

perles de rocaille,
fils à scoubidou,
perles à écraser,
fermoirs, ciseaux,
fil de Nylon,
petite pince.

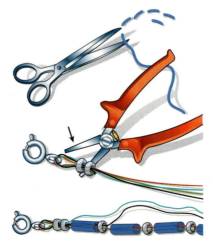

Collier bleu

1 Découper des morceaux de scoubidou de 1 cm. Passer 4 fils dans le fermoir du collier et finir avec 2 perles à écraser (voir page 8). Sur les 2 fils du bas, enfiler 13 tubes et 12 petites perles en les alternant. Passer le 3e fil dans le 1er tube et la 1re perle.

2 Après le 13ᵉ tube, séparer les fils en deux. Sur celui du haut, continuer à alterner une perle et un tube. Sur celui du bas, réaliser le pendentif comme sur le schéma. Revenir ensuite au collier.

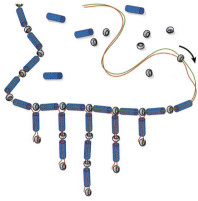

3 Avec le fil tout en haut, réaliser une longueur en alternant perles et tubes. Passer le 3ᵉ fil dans une perle en haut, puis une perle en bas, etc. afin de former les triangles. Finir le collier en suivant les explications de la page 8.

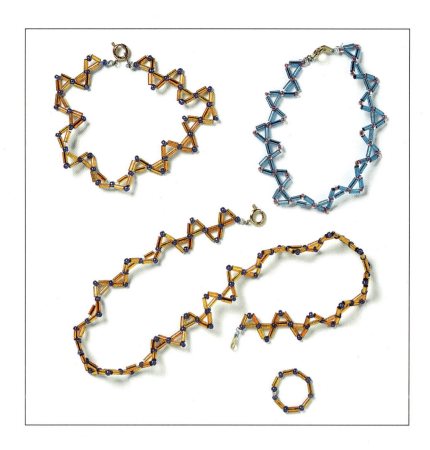

L'ensemble nacré

Pour le collier et les bracelets, enfiler les perles en croisant 2 fils comme sur le schéma.

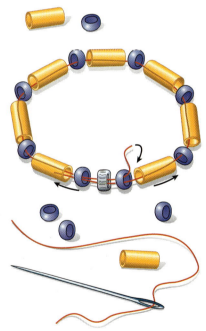

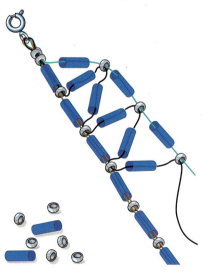

Le bracelet se réalise selon le même procédé mais on utilise un 5ᵉ fil pour le pendentif du haut.

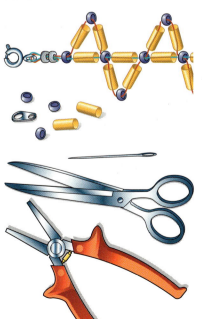

Pour la bague, utiliser un seul fil. Croiser les extrémités dans une perle à écraser. Ajuster à la taille du doigt avant d'écraser la perle. Couper les fils et rentrer l'excédent dans les perles.

Lumières d'Halloween

Matériel

pâte à bougie à modeler, bougies, bougies chauffe-plat, pots en verre, peinture et feutres pour porcelaine 150°, pinceau, couteau.

Bougies

1 Ramollir la pâte entre les doigts et l'aplatir pour former une plaque.

À l'aide d'un couteau, découper des citrouilles ou des chauves-souris. Creuser des lignes sur les citrouilles et de petites dents sur les chauves-souris.

Photophores

1 Peindre l'extérieur des pots en orange ou en violet avec la peinture pour porcelaine 150°. Laisser sécher et passer une deuxième couche. Laisser ensuite sécher 24 heures.

2 Faire cuire au four traditionnel pendant 35 minutes à 150° puis laisser refroidir les pots.

3 À l'aide d'un feutre noir pour porcelaine 150°, dessiner des chauves-souris ou des citrouilles. Laisser sécher 24 heures et refaire cuire les pots pendant 35 minutes à 150°. Installer des bougies chauffe-plat au fond des pots.

2 Ajouter des petits triangles noirs pour les yeux et le nez des citrouilles. Modeler des petits ronds orange pour les yeux des chauves-souris et des petits boudins noirs pour les bouches. Plaquer les motifs sur les bougies et ajouter des petits pois noirs et orange. Si les motifs se détachent, les chauffer légèrement.

173

Décor ensorcelé

Matériel

carton d'emballage (1 x 0,75 m), boîte en carton, colle, papier, mousse en plaques, scotch, fil, yeux mobiles, ciseaux, cutter, attaches parisiennes, peinture, pinceaux, patron page 248.

3 Coller une boîte au dos du chaudron et le coller à la sorcière. Cela lui permet de tenir debout.

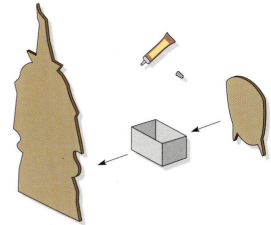

1 En s'inspirant de la photo, dessiner une silhouette de sorcière sur le carton. Sur un autre carton de 40 × 35 cm, dessiner le contour d'un chaudron. Découper les éléments. Reporter le patron des mains sur du carton plus fin et les découper.

4 Attacher les mains au corps à l'aide d'attaches parisiennes. Les décoller un peu du corps. Coller des yeux mobiles et un morceau de papier blanc pour les dents.

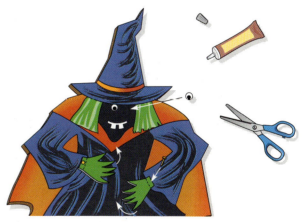

5 Découper une araignée et un serpent dans de la mousse. Coller des petits yeux mobiles. Fixer l'araignée à une main à l'aide d'un fil et coincer le serpent dans les doigts de l'autre main.

2 Dessiner les détails de la sorcière au crayon. Peindre la sorcière et le chaudron en prévoyant suffisamment de peinture. Peindre les mains en vert.

Créatures volantes

Matériel

pâte à modeler à cuire et autodurcissante, mousse en plaques, ressorts, boules en styropor, yeux mobiles, peinture, pinceau, bristol, brochettes en bois, patrons page 248.

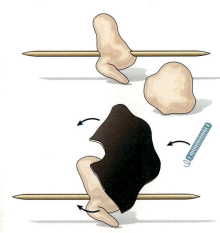

Les sorcières

1 Modeler le corps comme sur le schéma et le piquer sur une brochette en bois. Faire durcir 15 min. au four (th.1).

2 Étaler une plaque de pâte noire et y découper un cercle. L'enrouler autour du corps pour faire la robe. Y enfoncer un ressort.

3 Modeler les bras, les chaussures, les mains, la tête et le chapeau. Assembler les éléments et faire cuire en présence d'un adulte selon les indications de la page 9.

4 Après cuisson, coller des brins de ficelle sous le chapeau pour les cheveux et en nouer à l'aide d'un fil pour le balai.

L'autre sorcière se construit selon le même principe mais en pâte à modeler autodurcissante.

Le corbeau

Souder 2 boules en styropor avec de la pâte à modeler autodurcissante et modeler un bec. Dans du bristol, tracer et découper une queue et 2 ailes. Les coller au corps et peindre. Ajouter le ressort et des yeux mobiles.

La chauve-souris

Reporter les patrons des ailes et de la tête sur de la mousse. Découper. Coller la tête sur les ailes. Découper les autres éléments et les coller. Ajouter des yeux mobiles et un ressort.

Variante : Réaliser une tête de mort en pâte à modeler à cuire phosphorescente.

Cornets Halloween

Matériel

pâte d'amandes, colorants alimentaires, papier vitrail orange, papier noir, bol, crayon à papier, colle, ciseaux, règle, couteau, pince à linge, cutter.

Les bonbons

1 Pour colorer la pâte d'amandes en orange, verser dans un bol 2 gouttes de colorant alimentaire jaune et une goutte de rouge. Tremper une boule de pâte de la taille d'une noix et bien malaxer afin que les colorants imprègnent la pâte.

Les cornets

1 Tracer et découper un carré de 12 × 12 cm dans le papier noir. Dans un coin, évider une forme de citrouille ou de chauve-souris.

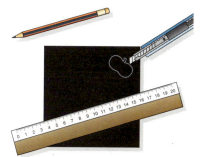

2 Découper un petit carré de 5 × 5 cm dans le papier vitrail orange et le coller au dos du motif. Ou bien découper un carré plus grand (12 × 12 cm) et le coller au dos du papier noir en le décalant un peu.

3 Rouler en cornet et coller le bord. Maintenir avec une pince à linge pendant le séchage.
On peut aussi réaliser le cornet en papier vitrail orange et coller des motifs noirs dessus.

2 Former une boule et tracer les tranches de la citrouille à l'aide d'un couteau. Faire un petit creux dans la citrouille. Teinter en vert un morceau de pâte pour la feuille et pour la vrille. Les planter sur la citrouille.

Les fantômes se réalisent avec de la pâte naturelle.

Noël au lampion

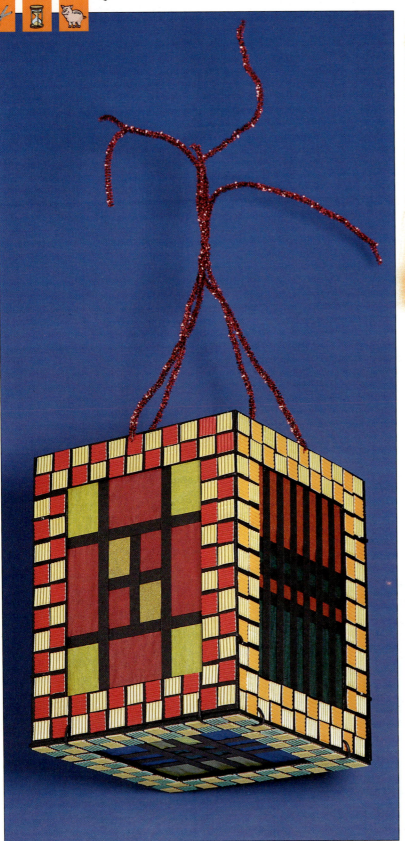

Matériel

carton mousse (épaisseur : 3mm), pochette de papiers vitrail multicolores avec bristol noir, carton ondulé doré et de couleur, règle, brochette en bois, aiguille, chenille, ficelle noire, colle, vernis (facultatif), cutter, pinceau, peinture, ciseaux.

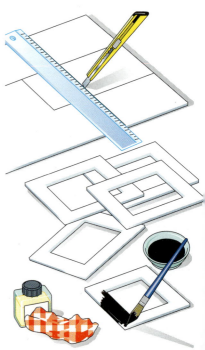

1 Dans le carton mousse, découper 4 rectangles de 21 × 25 cm et un carré de 21 cm de côté. Tracer des cadres à 3,5 cm des bords et les évider. Peindre en noir sans oublier les bords. Laisser sécher et vernir (facultatif).

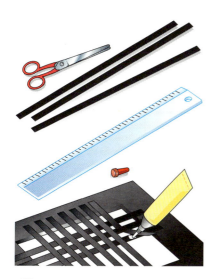

2 Dans le bristol noir, découper des bandes de 1 cm de largeur. Leur longueur doit être un peu supérieure aux ouvertures des cadres. Les coller soigneusement au dos des cadres en formant des grilles selon les schémas.

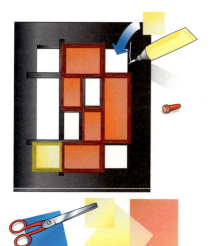

3 Découper des morceaux de papier vitrail pour remplir les grilles. Les coller au dos, sur les bandes noires. Alterner les couleurs ou en inventer de nouvelles en superposant 2 papiers.

4 Découper des petits carrés de 1,5 × 1,5 cm dans les cartons ondulés de couleur. Les coller en damier sur le devant des cadres. Utiliser le doré sur chaque cadre et assortir l'autre couleur avec le papier vitrail.

5 À l'aide d'une aiguille, percer 1 trou en haut de chacun des 4 cadres et 2 trous sur les 3 autres côtés. Pour le cadre carré du fond, percer 2 trous de chaque côté. Agrandir les trous avec une brochette en bois.

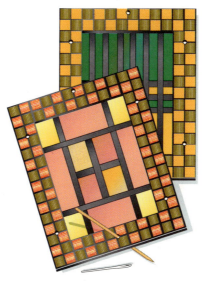

6 Assembler les cadres en nouant des petits morceaux de ficelle noire au dos. Monter le fond de la même façon. Les nœuds sont à l'intérieur du lampion.

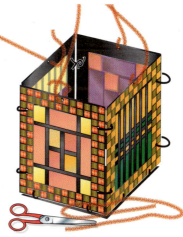

7 Passer un morceau de chenille d'environ 50 cm dans chacun des trous en haut des cadres. Les relier en hauteur pour suspendre le lampion.

On peut installer ce lampion à la place de l'abat-jour d'une suspension. Bien vérifier que l'ampoule ne touche pas le papier et qu'elle ne chauffe pas trop. *Ne jamais laisser allumer sans surveillance !*

Fenêtres en fête

Matériel

pochettes en plastique transparentes, peinture pour fenêtre de différentes couleurs et pâte de contour noire, patrons page 249.

1 Poser la pochette en plastique directement sur le patron. Tracer les contours avec la pâte de contour noire. Bien fermer les traits afin que le décor ne se déchire pas par la suite. Laisser sécher 2 heures.

3 Décoller délicatement le motif de son support après 24 heures de séchage.

2 Colorier ensuite l'intérieur directement avec les tubes. Laisser sécher 24 heures. Attendre que le fond soit sec pour peindre les petits points sur le renne, l'étoile et le sapin ou les rayures de l'écharpe.

4 Positionner les motifs sur les vitres des fenêtres. Appuyer légèrement dessus pour les faire adhérer. Les motifs réalisés à la peinture fenêtre peuvent être repositionnés à l'infini. Les mouiller un peu au dos s'ils n'adhèrent plus suffisamment.

Pour le sapin

Matériel

feutrine, papier calque de couleur, fil de fer, carton, feuille de métal, fil doré, yeux mobiles, aiguille, colle, ciseaux cranteurs, ciseaux, pince coupante, crayon, patrons page 250.

Ajouter des bandes ou des franges de feutrine pour décorer. Découper la barbe du Père Noël aux ciseaux cranteurs et ajouter des yeux mobiles.

Noël en feutrine

Reporter les patrons des éléments sur de la feutrine, les découper et les coller comme sur le schéma.

Pour le nœud de la botte, découper 5 bandes jaunes et les coller en suivant le schéma. Faire un petit trou en haut des motifs et les attacher au sapin à l'aide d'une ficelle dorée.

L'étoile

1 Reporter le patron de l'étoile sur du carton et 2 fois sur le métal à l'aide d'un crayon. Découper une des étoiles en métal à 3 mm à l'extérieur du tracé et la coller sur celle en carton en repliant les bords.

2 Coller l'autre étoile en métal au dos du carton.

3 Retourner l'étoile sur l'endroit et dessiner des motifs à l'aide d'un crayon à bout rond. Bien appuyer pour repousser le métal dans le carton.

Noël en métal

Découper la forme d'un cadeau et celle d'une maison dans du papier calque. Les décorer en collant des morceaux de fil de fer. Tordre le fil de fer pour les formes arrondies. Faire un petit trou et passer un morceau de fil de fer pour l'attache.

Boîtes à offrir

Matériel
petites boîtes en carton ou en bois, perles de rocaille, cabochons, sequins, petites étoiles, grande lettre en bois, peinture, pinceau, fil de Nylon, colle contact.

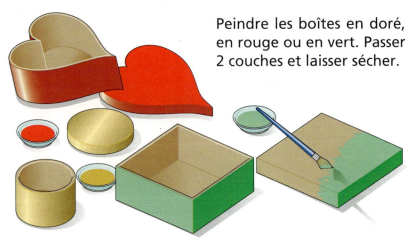

Peindre les boîtes en doré, en rouge ou en vert. Passer 2 couches et laisser sécher.

Les boîtes dorées

Pour la boîte carrée, peindre une lettre en doré et la coller au centre du couvercle. La boîte ronde est recouverte de cabochons collés. Ne pas en coller là où le couvercle repose.

Les boîtes à motifs

Pour la boîte « cœur », coller des sequins en formant un motif géométrique sur le couvercle. Ajouter une frise au bas de la boîte. Pour coller les petites étoiles sur la boîte verte, s'aider d'une pince à épiler.

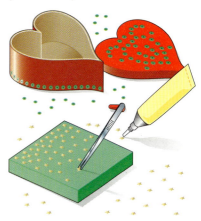

La boîte à perles

Prendre du fil de Nylon et l'enrouler en spirale sur le couvercle pour déterminer la bonne longueur.

Enfiler des perles de rocaille dorées. Finir par un nœud et coller en spirale en commençant par le centre.

Meilleurs vœux

Matériel
carton d'emballage léger, fil de fer, papier d'aluminium, feutrine, boutons, boulons, rondelles, peinture, pinceau, ciseaux, sequins, crayon à papier, règle, colle, patrons page 253.

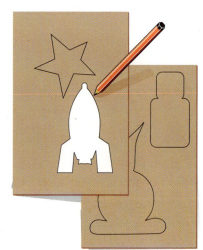

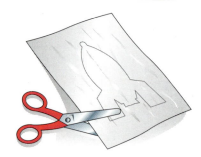

1 Reporter les différents patrons sur le carton. Pour la fusée, reporter aussi le patron sur du papier d'aluminium. Découper les éléments.

2 Peindre l'étoile en jaune, le robot en bleu et le bonhomme de neige en tricolore. Pour la fusée, coller le papier d'aluminium sur le carton et peindre les motifs.

3 Couper et tortiller des morceaux de fil de fer. Pour le bonhomme, former des mains. Pour l'étoile, enfiler des petits sequins. Encoller l'extrémité des fils de fer et les enfoncer dans l'épaisseur du carton. Ajouter des mains et des pieds en carton pour le robot et des étoiles pour la fusée.

4 Pour le bonhomme, ajouter une bande de feutrine nouée pour l'écharpe et quelques petits boutons. Coller des boulons et des rondelles sur le robot.

Écrire les messages au dos des cartes.

Aux beaux jours, les juniors deviennent de vrais jardiniers et habillent de feuilles fraîches les bouquets printaniers. C'est le temps des jeux de plein air où l'on fabrique un cerf-volant en papier, un drôle d'épouvantail ou un véritable herbier. Pour l'automne, voici de jolis tableaux de feuilles et de graines ou des objets aux couleurs des sous-bois pour fêter la nature.

Et quand vient le froid, bien au chaud à la maison, quel plaisir de fabriquer un igloo pour le chat, une paire de chaussons douillets, une mangeoire pour les oiseaux du jardin... Avec autant d'idées, l'hiver sera vite passé !

Au fil des saisons

Bouquet frais

Matériel

mousse verte, pot en verre, ciseaux, scotch double-face, couteau, fleurs, feuillages et grandes feuilles.

1 À l'aide du couteau, découper un morceau de mousse aux dimensions du pot. Déposer la mousse dans un récipient rempli d'eau et la laisser tremper toute une nuit.

2 Placer la mousse gorgée d'eau dans le pot. Couper les tiges des fleurs à la hauteur souhaitée et les piquer une par une dans la mousse.

3 Placer ensuite les feuillages pour terminer la composition.

4 Entourer le pot de scotch double-face et le recouvrir de grandes feuilles.

Graines de star

Matériel

pots en terre de différentes tailles, peinture, vernis, pinceaux (large et fin), brosse, terreau, graines diverses (de cresson, d'herbe à chat ou de lentilles).

1 Avant de décorer les pots, les laver à la brosse et les rincer. Peindre l'extérieur en rose clair à l'aide d'un pinceau large. Laisser sécher.

3 Remplir les pots de terreau. Disposer les graines dessus et les recouvrir d'une très fine couche de terre. Ne pas enfoncer les graines afin qu'elles ne pourrissent pas.

Placer les pots dans un endroit bien éclairé et arroser régulièrement. Tailler les pousses de temps en temps afin de conserver l'aspect d'une chevelure.

2 Dessiner les détails et les peindre à l'aide d'un pinceau fin. Laisser bien sécher et vernir les pots.

Tout pour le toutou

Matériel

toile cirée transparente, règle, plaques de mousse de différentes couleurs, ciseaux, crayon à papier, colle sans solvant, écuelle en plastique, patrons page 252.

Le tapis

1 Tracer et découper un rectangle de 100 × 50 cm dans la toile cirée. Le plier en deux en appuyant bien pour former le pli.

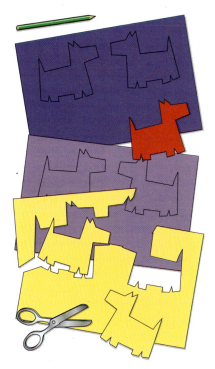

2 Puis reporter 9 fois le patron du chien sur des mousses de différentes couleurs. Découper.

3 Déplier le plastique et coller les motifs à l'intérieur avec de la colle sans solvant.

4 Encoller les bords de la toile cirée et replier. Appuyer quelques instants.

L'écuelle

Reporter le patron de l'os sur des mousses de différentes couleurs. Découper et coller avec de la colle sans solvant.

Cerf-volant

Matériel

papier kraft blanc (70 x 102 cm), baguettes de hêtre de 4 mm de diamètre, papier fin de couleur, fil de Nylon, ciseaux, colle, scotch, crayon à papier, règle, aiguille, patrons page 251.

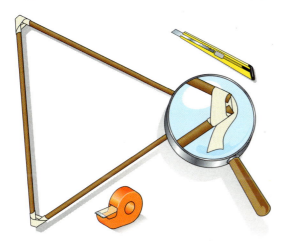

1 Demander l'aide d'un adulte pour couper 3 baguettes de 40 cm en les entaillant au cutter et en les cassant net. Les réunir en triangle à l'aide de scotch.

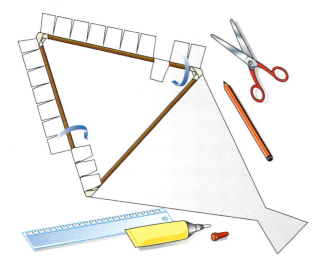

2 Agrandir et reporter le patron du cerf-volant sur le papier kraft blanc. Découper et poser le triangle en bois comme sur le schéma. Rabattre et coller les languettes autour.

3 Reporter 23 fois le patron des écailles sur des papiers de couleur. Les découper et les coller les unes sur les autres en commençant par la queue.

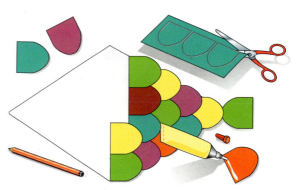

4 Tracer et découper un hexagone de 3 cm de côté pour l'œil. Coller 6 écailles autour. Coller une écaille au bout de la tête en repliant au dos les bords qui dépassent.

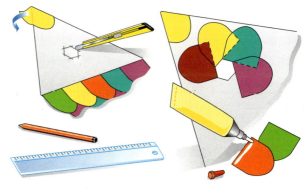

5 À l'aide d'une aiguille, percer un trou dans le papier à chaque angle du triangle. Y nouer 3 fils de Nylon de 50 cm. Réunir les fils par un nœud. Couper un long morceau de fil, l'attacher aux trois autres et l'enrouler sur un morceau de baguette.

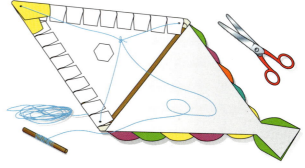

Cartes estivales

Matériel

papiers de couleur, bristol rouge brillant, papier calque de couleur, gommettes, cutter, colle, ciseaux, plastique transparent, patrons page 254.

Carte bocal

Découper 2 rectangles de papier de 15 × 17 cm, un bleu et un blanc. Évider un bocal dans le papier blanc et coller du plastique transparent au dos. Dessiner, découper et coller les éléments du décor. Relier les 2 parties de la carte avec du scotch.

Carte cabine

1 Reporter le patron de la cabine sur du papier bleu et sur du blanc. Découper les éléments du décor dans des papiers de couleur et les coller sur la carte bleue.

2 Découper une porte sur la carte blanche et 4 petites entailles de 5 mm. Y glisser 2 bandes de papier et les scotcher au dos. Fermer la porte à l'aide d'une autre bande. Décorer au feutre.

Carte grenouille

Découper un rectangle de 15 × 20 cm dans du papier bleu. Reporter le patron de la grenouille sur des papiers de couleur. Découper, coller. Ajouter des gommettes. Découper du papier calque vert pour l'eau et le coller sur les bords. Découper un cadre aux ciseaux à découpes.

Coccinelle

1 Tracer et découper une feuille d'environ 18 × 14 cm. Reporter le patron du corps sur du papier noir. Plier les ailes et coller le corps sur la feuille. Ajouter des pattes, des antennes et la tête en papier noir.

2 Coller 2 ailes rouges décorées de gommettes. Reporter le patron des ailes intérieures sur du papier calque. Découper, plier selon les pointillés et coller sur le corps de la coccinelle. Écrire un message et refermer les ailes.

Maisonnette

Matériel

carton d'emballage, ficelle, colle, petits bâtons en bois, chutes de tissu, ciseaux, crayon à papier, règle, cutter.

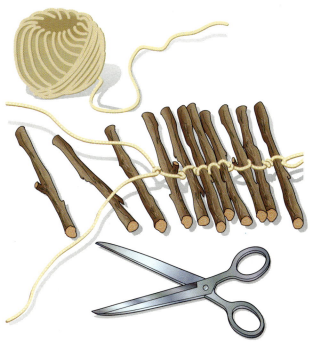

1 Sur le carton, tracer un rectangle de 11,5 × 22 cm pour le toit et un de 11,5 × 47 cm pour les murs. Placer les cannelures du carton comme sur le schéma. Découper.

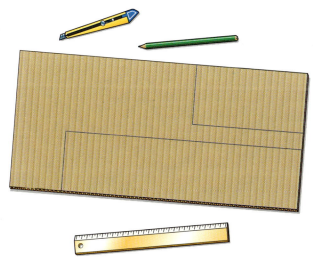

2 Plier le toit en deux. Pour les murs, plier le rectangle en quatre, tous les 11 cm, en laissant 3 cm de rabat. Coller le rabat.

3 Demander à un adulte de couper des bâtons de 11 à 12 cm. À l'aide de ficelle, nouer une chaîne de bâtons pour recouvrir le toit et une autre chaîne pour le tour des murs. Faire un nœud entre chaque bâton.

4 Entourer le carton avec de la ficelle et y attacher les chaînes de bâtons à l'aide de ficelle. Découper et plier 2 carrés de tissu pour les fenêtres. Les ficeler sur les murs comme des paquets cadeaux.

Cordons-wraps

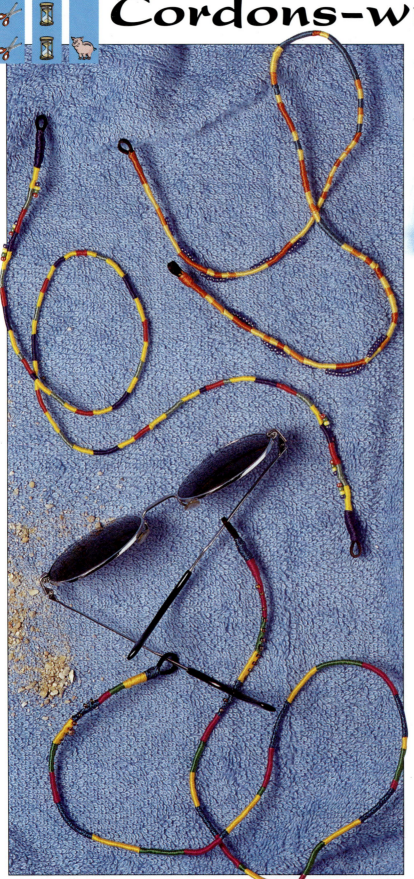

Matériel
fils de coton de différentes couleurs (longueur = 1,50 m), fil de Nylon, élastique, ciseaux, colle, petites perles, épingle à nourrice.

Des fils de 1,50 m donneront un wraps d'environ 50 cm.

1 Couper un morceau d'élastique de 4 cm, le plier en deux et le coller en laissant une boucle d'environ 5 mm.

2 Prendre 4 fils de coton de 1,50 m de 4 couleurs différentes et un fil de Nylon de même longueur. Faire un nœud bien serré autour de l'élastique au milieu de la longueur des fils.

3 Avant de commencer, passer une épingle à nourrice dans le nœud et la fixer sur un support quelconque.

4 Tenir les fils qui restent fixes de la main gauche. Avec la main droite, prendre le fil de la couleur choisie (fil mobile) entre le pouce et l'index.

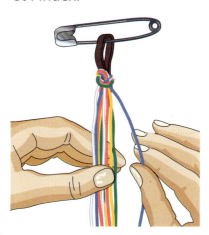

5 Enrouler plusieurs fois le fil mobile autour des fils fixes. Faire plusieurs tours selon la longueur souhaitée. Serrer fort.

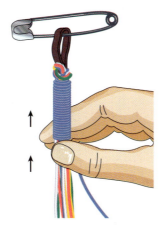

Pour bien serrer les fils, prendre les derniers tours de l'enroulement et remonter vers le nœud.

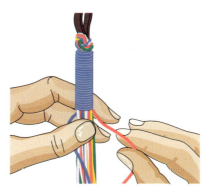

6 Pour changer de couleur, tenir le fil mobile de la dernière couleur, choisir le fil le plus long d'une nouvelle couleur, maintenir l'enroulement bien serré et placer l'ancien fil mobile au milieu des fils fixes.

7 Attraper le nouveau fil mobile et l'enrouler.

8 Pour insérer des perles sur le côté, sortir le fil de Nylon avant de commencer une couleur et le laisser de côté. Enrouler une couleur et terminer par un nœud.

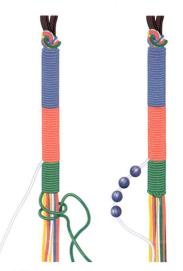

9 Récupérer le fil de Nylon et y enfiler des perles. Replacer ensuite ce fil au milieu des fils fixes et continuer.

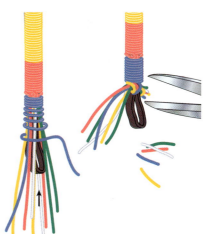

10 Finir par un double nœud. Couper un élastique de 3 cm, le plier en deux et l'insérer entre les fils fixes. Enrouler une couleur pour recouvrir l'élastique, finir par un double nœud. Couper tous les fils au ras des nœuds.

Joli herbier

Matériel

papier blanc et de couleur, raphia, fleurs, feuilles et graines, colle, scotch fin de couleur, perforatrice, feutres ou tampons décoratifs, chemise en carton.

3 Dessiner des petits motifs sur les bords des feuilles à l'aide d'un feutre ou de tampons décoratifs.

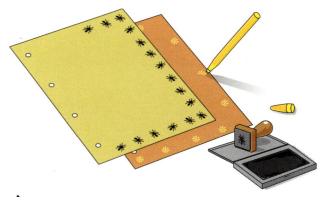

1 Placer des feuilles et des fleurs, récoltées au cours de promenades, entre des feuilles de papier journal. À l'aide de gros livres, mettre sous presse pendant 5 jours afin qu'elles soient bien sèches et aplaties.

4 Coller les feuilles et les fleurs. Ajouter de fines bandes de scotch de couleur pour que la fixation soit parfaite.

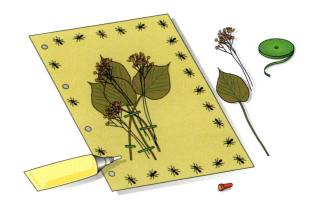

5 Pour former le cahier, réunir les feuilles en nouant des morceaux de raphia sans trop les serrer. Décorer la chemise en carton avec des feuilles, des fleurs ou des graines séchées et glisser le cahier à l'intérieur.

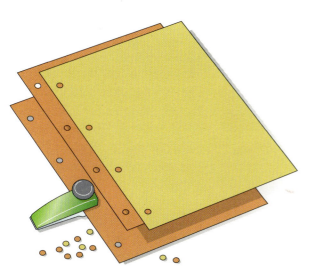

2 Superposer plusieurs feuilles de papier et y percer 4 trous.

Pochette de voyage

Matériel
papier buvard, papiers forts blanc et de couleur, plastique adhésif transparent, colle, crayon à papier, 2 fermoirs, œillets, ciseaux, cutter, ruban d'élastique, perforatrice, règle, scotch de couleur, coins photos.

1 Dans le buvard, découper une bande de 25 × 65 cm. Tracer un trait à 12,5 cm du bord gauche. Tracer ensuite 4 colonnes de 10 cm et finir avec une colonne de 12,5 cm à droite.

Découper horizontalement au milieu des 4 colonnes, percer 4 trous et plier en accordéon. Ajouter des œillets et fixer 2 fermoirs au dos à l'aide de scotch coloré.

3 Pour les pochettes, découper des rectangles dans du papier de couleur. Arrondir l'extrémité de celui qui servira de rabat et découper une pointe.

4 Entailler le rectangle qui servira de pochette pour glisser la pointe du rabat ou coller un coin photo. Coller la pochette sur 3 côtés.

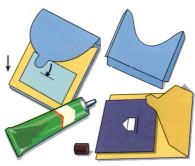

5 Un rectangle évidé au ciseaux à découpes fera un joli cadre. De l'adhésif transparent permettra de scotcher une feuille que l'on a ramassée. Il s'enlèvera facilement si l'on souhaite y fixer autre chose.

2 Coller une bande de papier pour renforcer le pli principal et les coins. Décorer le dessus de la pochette en collant des morceaux de papier découpés en forme d'étiquettes.

Sur la partie droite, découper et fixer des morceaux d'élastique d'environ 8 cm de longueur à l'aide de 2 bandes de scotch coloré. Bien tendre les élastiques.

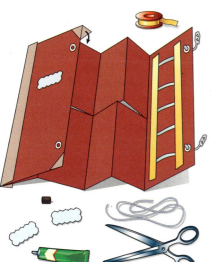

Épouvantail

Matériel

baguette plate en bois (150 cm), toile de jute (140 x 100 cm), clous, marteau, ficelle, paille, grosse aiguille, chutes de tissu, peinture, pinceau, ciseaux, scie.

1 Demander à un adulte de scier la baguette en deux pour obtenir un morceau de 1 m et un de 50 cm. Les clouer en croix.

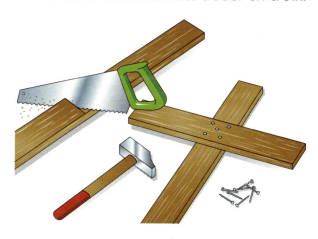

2 Dans la longueur de la toile de jute, découper un morceau de 80 × 40 cm. Le plier en deux et y tracer un cercle de 40 cm de diamètre. Découper les 2 épaisseurs. Les coudre avec de la ficelle en laissant une ouverture. Remplir de paille.

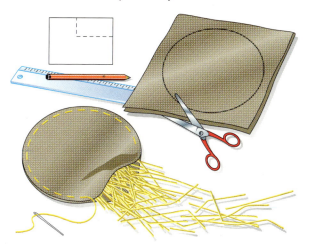

3 Planter la tête sur la croix au niveau de l'ouverture et bien serrer à la base avec de la ficelle. Clouer pour plus de solidité. Avec de la ficelle, attacher une bonne poignée de paille au bout de chaque bras.

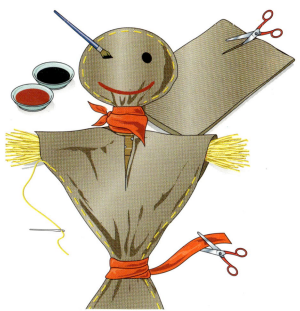

4 Dans le reste de toile, découper un rectangle de 140 × 60 cm. Le plier en deux et découper une ouverture pour la tête. Enfiler la tunique et la coudre sur les côtés. Peindre le visage et utiliser des chutes de tissu pour le foulard et pour la ceinture.

Jardin miniature

Matériel
bac en plastique ou en terre cuite d'au moins 5 cm de hauteur, terre, cailloux moyens, sable d'aquarium, petites plantes (cactus ou plantes grasses), galets, morceaux de bois (bois flotté).

1 Tapisser le fond du bac avec les cailloux. Cela permettra à l'eau de s'évacuer. Recouvrir ensuite de terre et creuser des petits trous pour les plantes.

4 Décorer l'ensemble avec des morceaux de bois (bois flotté) et des galets. Recouvrir la terre avec du sable d'aquarium.

2 Pour faciliter les soins, choisir des plantes qui ne nécessitent pas beaucoup d'arrosage (cactus, plantes grasses), ou alors des plantes qui aiment beaucoup l'eau (fougères, papyrus...).

5 Arroser plus ou moins fréquemment selon les plantes. Pour les cactus il est préférable d'utiliser un vaporisateur.

3 Répartir harmonieusement les plantes en plaçant les plus grandes à l'arrière-plan. Reboucher les trous avec de la terre.

Attention, les piquants des cactus sont très blessants ! Désinfecter en cas de blessure.

Carnets d'automne

Matériel

cahiers ou carnets, différentes feuilles séchées, colle, papiers de couleur, papier fin de couleur, crayon à papier, ciseaux.

Décor nature

1 Ramasser différentes sortes de feuilles au cours de promenades.
Les placer entre des feuilles de papier journal pour les faire sécher. Mettre sous presse à l'aide de gros livres pendant environ 5 jours dans un endroit sec pour bien aplatir les feuilles.

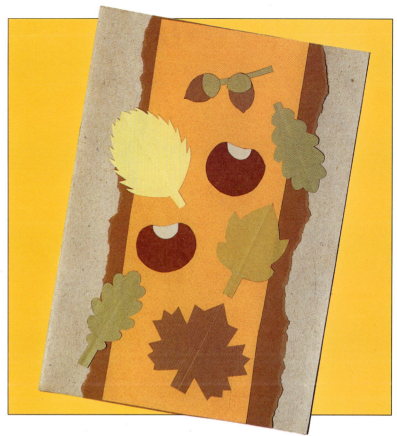

2 Choisir des carnets ou des cahiers aux tons naturels (type papier recyclé). Coller les feuilles séchées sur la couverture en alternant les formes et les coloris.

Décor en papier

1 Découper et plier en deux des morceaux de papiers aux couleurs d'automne. Tracer des demi-feuilles et déplier. Dessiner des marrons et des glands. Découper les éléments.

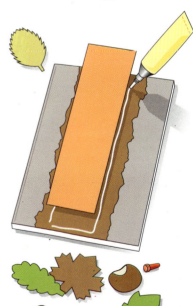

3 On peut coller des bandes de papier fin de couleur pour décorer et maintenir les tiges.

2 Déchirer et découper des bandes de papier de la hauteur du cahier et les coller sur la couverture. Coller les feuilles.

Tableaux-nature

Matériel

boîtes à fromage en bois, raphia, ficelle, bâtons, colle, ciseaux, graines diverses (haricot, anis étoilé, fèves, tournesol, etc.), agrumes, cannelle, fruits secs, marrons, feuilles de laurier…

1 Choisir des éléments naturels divers et les coller au fond de la boîte pour former des visages.

2 Entourer la boîte d'un morceau de ficelle ou de raphia. Faire un nœud en haut et garder environ 30 cm de ficelle. Faire une boucle pour l'attache. À l'aide d'un petit morceau de ficelle ou de raphia on peut suspendre un bâton de cannelle ou un bâton à la boîte.

Tranches d'agrumes

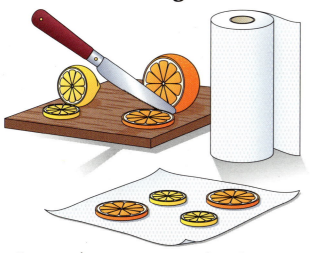

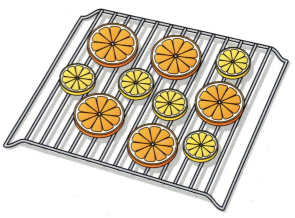

Couper des oranges ou des citrons en tranches de 1 cm d'épaisseur. Laisser sécher sur un papier absorbant près d'une source de chaleur.

Pour aller plus vite, on peut aussi les faire sécher au four en les plaçant directement sur une grille. Laisser à four tiède (80°C ou th. 2) pendant 4 heures.
On peut faire des portraits parfumés en utilisant des clous de girofle, des feuilles de laurier, de l'anis...

Cache-pot

2 Percer 2 trous sur chaque côté de la cagette et la peindre en vert. Laisser sécher.

3 Relier les chaînes de brindilles à la cagette en passant de petits morceaux de fil de fer dans les trous. Finir en tordant le fil.

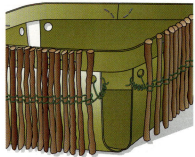

Matériel

petite cagette en bois pour fruits ou légumes, grand verre, brindilles, raphia, fil de fer fin vert, perforatrice, peinture, pinceau, ciseaux, cutter.

La cagette

1 Demander à un adulte de couper des brindilles à la hauteur de la cagette. Assembler 4 chaînes de même longueur que les côtés. Les relier entre elles en les enroulant avec du fil de fer.

4 Torsader des brins de raphia pour former une couronne autour du cache-pot. Finir par un nœud. Décorer avec des fleurs ou des végétaux séchés.

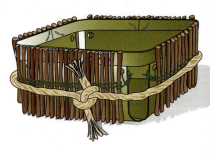

2 Assembler les brindilles à l'aide de fil de fer pour faire le tour du verre. Lier les deux extrémités avec un morceau de fil de fer.

Le vase

1 Demander à un adulte de couper des brindilles à la hauteur d'un grand verre.

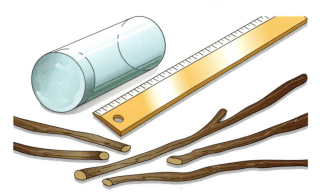

3 Torsader suffisamment de brins de raphia pour faire deux fois le tour du vase. Finir par un nœud. Remplir le vase d'eau et décorer avec des fleurs fraîches.

Musiques en fête

Matériel

petits bâtons,
fruit de cyprès,
carton d'emballage,
gommes, écorce,
petits pots en terre,
ficelle, colle forte,
règle, cutter,
crayon à papier,
peinture, pinceau.

Le poisson

1 Tracer et découper une bande de 2 × 50 cm dans du carton. Demander à un adulte de couper des bâtons de 5 à 18 cm. Les coller tous les 2 cm en laissant de l'espace pour la tête et la queue. Réserver 2 bâtons pour jouer de l'instrument. Peindre en rouge.

Les clochettes

1 Peindre entièrement 2 petits pots en rouge et 2 bulots en argenté. Laisser sécher.

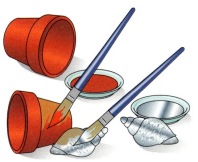

2 Couper 2 ficelles de 25 cm. Faire un nœud à une extrémité, l'enduire de colle forte et la fixer à l'intérieur du coquillage.

3 Faire un double nœud plus gros que le trou du pot à 2 cm au-dessus du bulot. Glisser la ficelle dans le trou, faire un nouveau double nœud à la sortie et finir par une large boucle.

2 Peindre des morceaux d'écorce en vert pour la tête et la queue ainsi qu'un fruit de cyprès (ou un fruit sec de même forme) en bleu et en blanc pour l'œil. Laisser sécher et coller les éléments sur la bande de carton. Coller 2 gommes sous la bande de carton pour surélever l'instrument.

Igloo pour le chat

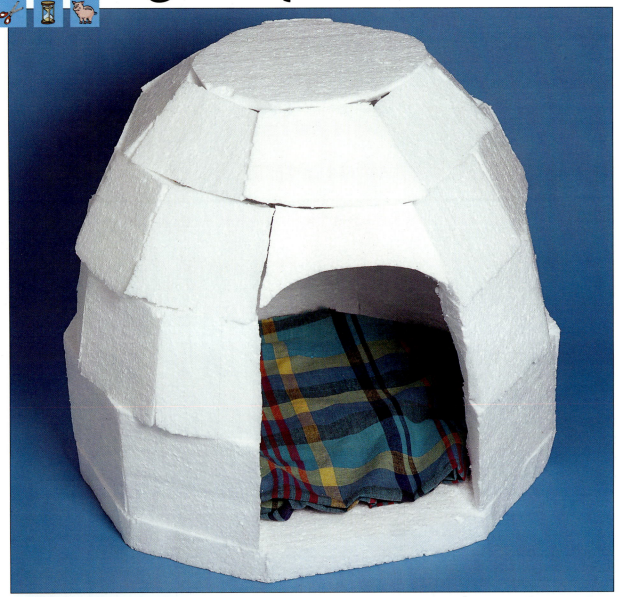

Matériel
plaques de polystyrène de 4 cm d'épaisseur, cure-dents, colle blanche, papier calque, règle, cutter, crayon à papier.

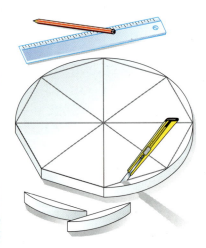

L'utilisation du cutter nécessite la présence d'un adulte !

1 Dans une plaque de polystyrène, tracer et découper un grand rond de 50 cm de diamètre. Diviser le rond en 8 quartiers égaux afin d'obtenir un octogone. Découper la base de l'igloo.

2 Avant de découper les briques, mesurer la longueur des facettes de l'octogone (environ 18 cm). Pour la première rangée, découper 8 briques d'environ 18 × 11 cm. Couper les bords légèrement en biseau.

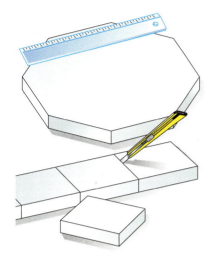

3 Enfoncer des cure-dents dans chaque brique. Monter la première rangée en disposant une brique sur chacun des huit côtés.

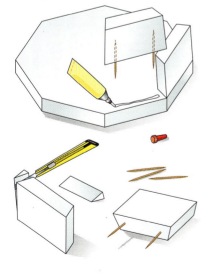

4 Enlever les briques et les recouper si besoin. Les encoller avant de les replacer.

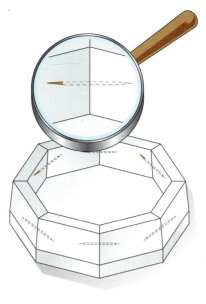

5 Renforcer en glissant des cure-dents entre chaque brique.

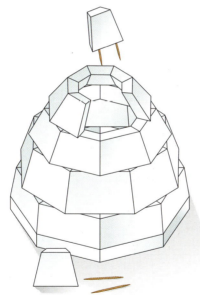

6 Découper 8 briques par rangée, en diminuant à chaque fois leur longueur (d'environ 1 cm) afin d'obtenir l'arrondi de l'igloo. La hauteur des briques ne change pas (environ 11 cm). Monter ainsi 4 rangées de briques en les fixant à l'aide de cure-dents.

7 Lorsque la dernière rangée est montée, poser un calque au sommet pour tracer la forme de l'ouverture. Reporter sur une plaque de polystyrène et découper. Coller le toit sur l'igloo.

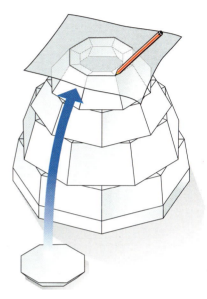

8 À l'aide d'un cutter, découper une ouverture pour le chat. Installer un petit coussin à l'intérieur.

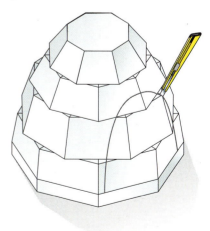

Pour habituer le chat à son nouvel igloo, choisir sa couverture ou son coussin préféré.

Chaussons douillets

Matériel

feutrine (rouge, jaune et bleue), fil à coudre, fil à broder jaune, aiguilles, papier calque, ciseaux, crayon à papier, épingles, patrons page 255.

Le modèle correspond à une pointure 37, mais on peut agrandir les patrons selon la pointure désirée.

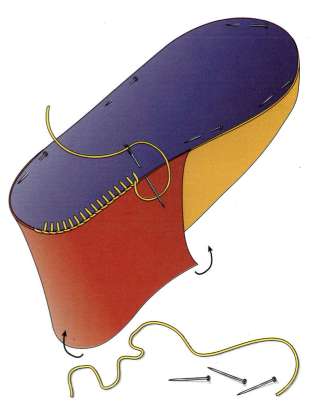

1 À l'aide de papier calque, reporter le patron de la semelle sur la feutrine bleue, une fois à l'endroit et une fois à l'envers. Puis reporter les demi-patrons du dos et du devant des chaussons (voir explications page 7) sur les feutrines jaune et rouge.

3 Épingler la semelle au reste du chausson. À l'aide de fil à broder jaune, coudre tout autour de la semelle au point de feston (voir schéma ci-dessus). Replier les bords de la feutrine rouge.

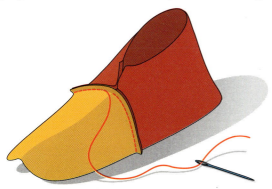

2 Avec du fil à coudre, assembler le dos au devant comme sur le schéma puis retourner sur l'endroit.

4 Découper 4 carrés de feutrine bleue de 5 × 5 cm et 2 rond jaunes de 4 cm de diamètre. Pour chaque chausson, superposer 2 carrés bleus et le rond jaune et les coudre sur le dessus à l'aide d'un point.

Pour les oiseaux

Matériel
pots en terre, bâtons en bois, ficelle, ciseaux, graines, pomme, peinture, pinceau.

Le perchoir

1 Attacher 4 bâtons en échelle à l'aide de 2 ficelles. Peindre le pot en vert et le décorer avec des motifs simples.

2 Passer les ficelles dans le trou au fond du pot et nouer un bâton au-dessus. Accrocher le perchoir sur une branche d'arbre.

Les mangeoires

1 Peindre des petits pots comme précédemment. Nouer l'extrémité d'une ficelle sur un petit bâton et la passer dans le trou du pot.

2 Entourer le pot en nouant la ficelle comme sur le schéma. Remplir avec des graines pour oiseaux.

3 Évider le centre d'une pomme. Faire un nœud à l'extrémité d'une ficelle, la passer dans le trou du pot et dans le centre de la pomme.

Flocon vole

Matériel

feuilles d'aluminium,
fil argenté (ou fil de Nylon),
aiguille à broder, compas,
baguette de bois (bambou),
feutre argenté couvrant,
papier calque, ciseaux,
patrons page 255.

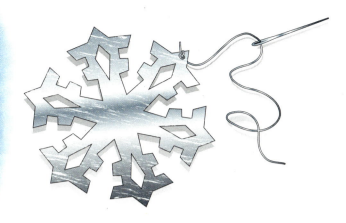

1 Tracer un cercle de 8 cm de diamètre directement sur la feuille d'aluminium et le découper. Plier en deux, puis en trois, et encore en deux comme sur le schéma.

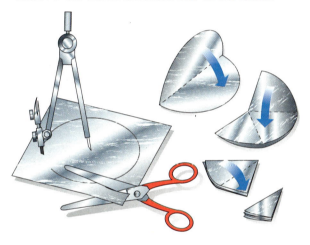

2 À l'aide de papier calque, reporter le patron sur le cercle ainsi plié en six. Découper selon le tracé puis déplier.

3 Percer un trou à l'aide d'une aiguille à broder. Passer le fil argenté dedans et faire un nœud à l'extrémité.

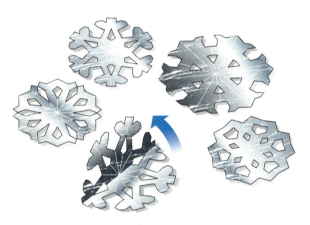

4 Réaliser ainsi plusieurs flocons différents. On peut varier leur taille en agrandissant les patrons. Tracer alors un cercle au rayon correspondant.

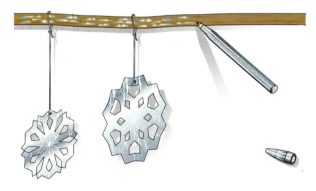

5 Décorer la baguette de bois au feutre argenté. Laisser sécher et y accrocher les flocons en variant les hauteurs pour donner une impression de pluie.

Index

A

allumettes 49, 141
ardoise 50
argile autodurcissante 104
attaches parisiennes 128, 174

B

balles de ping-pong 122, 136, 155
bâtonnets plats 118
billes plates 102
bois :
baguettes 99, 118, 127, 199,
bâtons 203, 216, 218, 220, 226, 229
cagette 218
planches 54, 62, 211
boîtes :
à fromage 116, 216,
d'allumettes 127
d'œufs 122, 134, 141
en carton 16, 44, 72, 77, 94, 102, 174, 186
bonbons 150
bouchons en liège 18, 39, 49, 72, 114, 122, 138, 141
bougies 72, 172
boules de cotillon 77, 152, 156
boulons 188
boutons 53, 132, 188
brochettes en bois 150, 156, 176, 180

C

cabochons 152, 156, 186
cahiers 42, 96, 214
capsules en métal 121
carton :
d'emballage 23, 70, 77, 79, 121, 127, 158, 174, 203, 220
fin 39, 114, 122, 138, 141, 176, 184
mousse 84, 180
ondulé 18, 42, 94, 116, 132, 142, 149, 155, 168, 180
plat 18, 50, 90, 136, 155, 188
cerne relief 46, 156
chenilles 16, 90, 114, 132, 142, 152, 156, 168, 180
chouchous 128, 156
cintre 121
clous 54, 121, 211
colle pailletée 16, 60
colorants alimentaires 178
confettis 16
cordelette 80
couvercles en métal 121
cure-dents 33, 56, 68, 141, 158, 222

E

élastique 34, 39, 122, 204, 208
emporte-pièce 67
essence de parfum 40

F

fermoirs 26, 208
fermoirs à bijoux 8, 33, 170
feuilles 193, 207, 214, 216
feutres :
pour porcelaine 166, 172
pour tableau blanc 90
pour tissu 26
feutrine 80, 128, 138, 168, 184, 188, 225
ficelle 15, 16, 114, 146, 180, 184, 203, 216, 220, 226
fil :
à scoubidou 26, 33, 88, 121, 128, 170
de fer 34, 36, 82, 87, 156, 162, 184, 188, 218
de Nylon 33, 170, 186, 199, 204, 229
film alimentaire 72
fleurs 193
formes en polystyrène 156, 158, 176

G

gel pailleté 128, 156
gomme 14, 174, 220
gommettes 130, 200
graines :
à planter 194
de légumes secs 121, 134, 207, 216, 226
grillage 87
grelots 121

L

lacets 26
laine 54, 77, 121
lampe 82

M

magazines 42, 92, 96
métal en feuilles 70, 162, 184, 229
miroirs 53
mousse :
de fleuriste 193
en plaque 23, 24, 30, 62, 88, 100, 112, 127, 128, 168, 174, 176, 196,

O

œufs 156
œufs en chocolat 158

P

papier :
adhésif de couleur 53, 88, 90, 99
adhésif transparent 96, 208
aluminium 28, 67, 68, 188
brillant 146, 200
bristol 12, 68, 142, 146, 160, 166, 176, 180
buvard 208
calque de couleur 82, 130, 146, 184, 200, 207
Cellophane 16
crépon 16, 149, 158
cristal 42
de couleur 15, 20, 42, 77, 82, 88, 90, 94, 130, 136, 158, 160, 174, 178, 199, 200, 208, 214
de soie 12, 16, 42, 74, 82, 164
fort 20, 39, 42, 49, 116, 138, 141, 146, 152, 160, 208
kraft 96, 199
miroir 130
vitrail 178, 180
papier mâché 8, 64, 70, 134
pâte :
à bougie 172
à modeler à cuire 9, 33, 56, 60, 67, 68, 92, 176
à modeler autodurcissante 34, 50, 82, 124, 142, 176
d'amandes 178
peinture :
fenêtre 108, 182
pour porcelaine 166, 172
pour tissu 23, 26, 107
vitrail 46, 53, 70, 87, 162
perles 33, 34, 36, 53, 80, 87, 99, 116, 121, 124, 128, 130, 134, 168, 170, 186, 204
pinces à linge 18, 62, 124
plantes 212
plastique :
de couleur 99
magique 28
transparent 30, 96, 99, 108, 152, 182, 196, 200
plâtre 40, 72, 102, 179
plumes 121, 156
polystyrène 222
pompons 92, 142
pots :
en terre 74, 194, 212, 220, 226
en verre 46, 79, 87, 172, 193

R

raphia 12, 24, 158, 207, 216, 218
ressorts 176
Rhodoïd 130
rouleaux en carton :
d'essuie-tout 18, 39, 130
de papier toilette 49, 122, 138, 141
fin 49, 121, 141
ruban 23, 107, 168

S

sable coloré 44
sequins 186, 188

T

tee-shirt 23, 30
terre 194, 212
tissu 84, 128, 203, 211

V

velcro 136
vernis 74, 102, 134, 164, 180, 194
vernis à ongles 104
verres 56, 74, 164, 218

Y

yeux mobiles 39, 49, 62, 114, 138, 142, 174, 176, 184

Patrons

pages 12-13

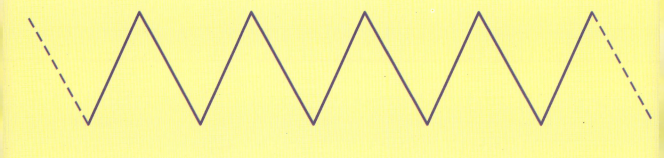

pages 14-15

pages 20-21

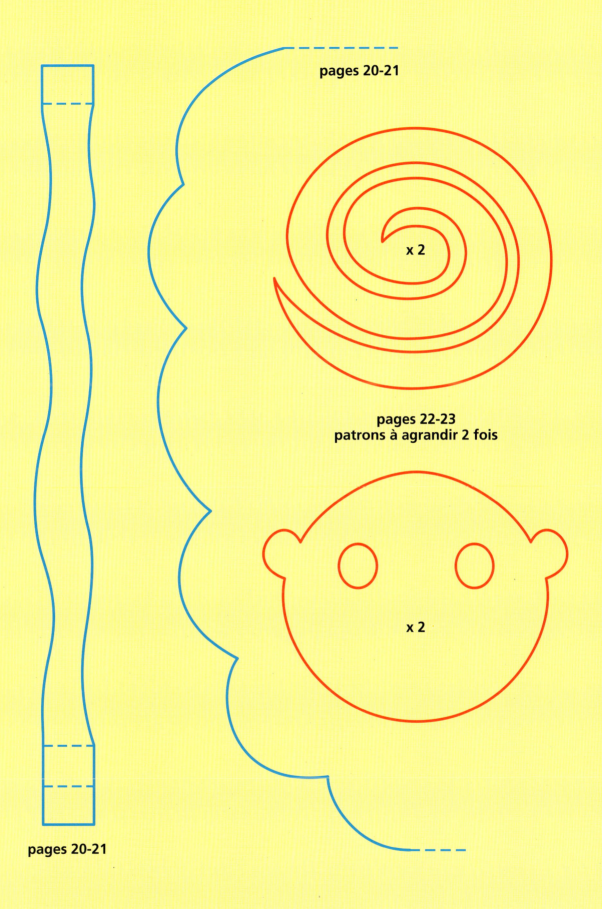

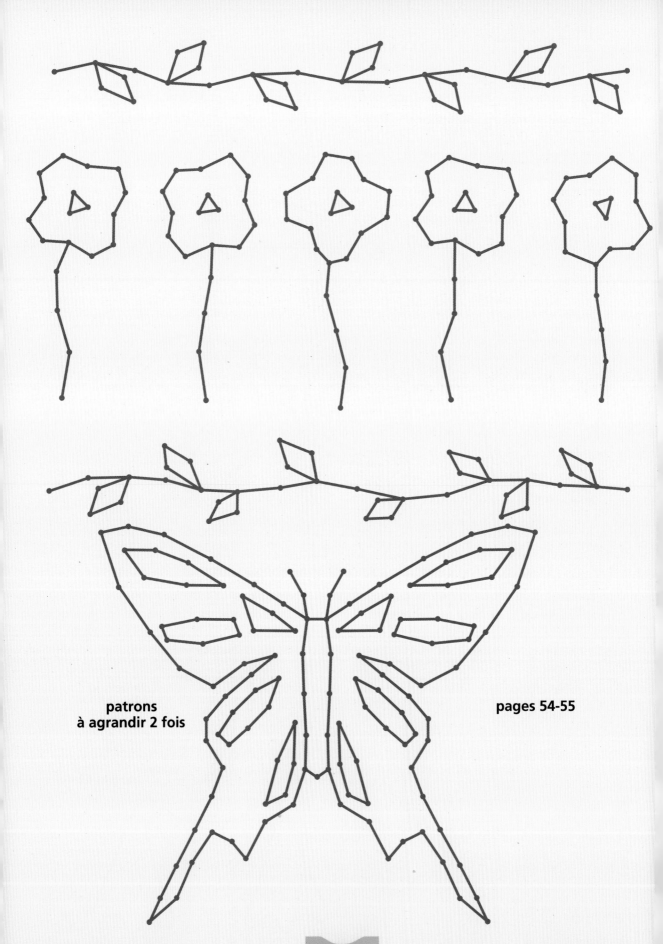

patrons à agrandir 2 fois

pages 54-55

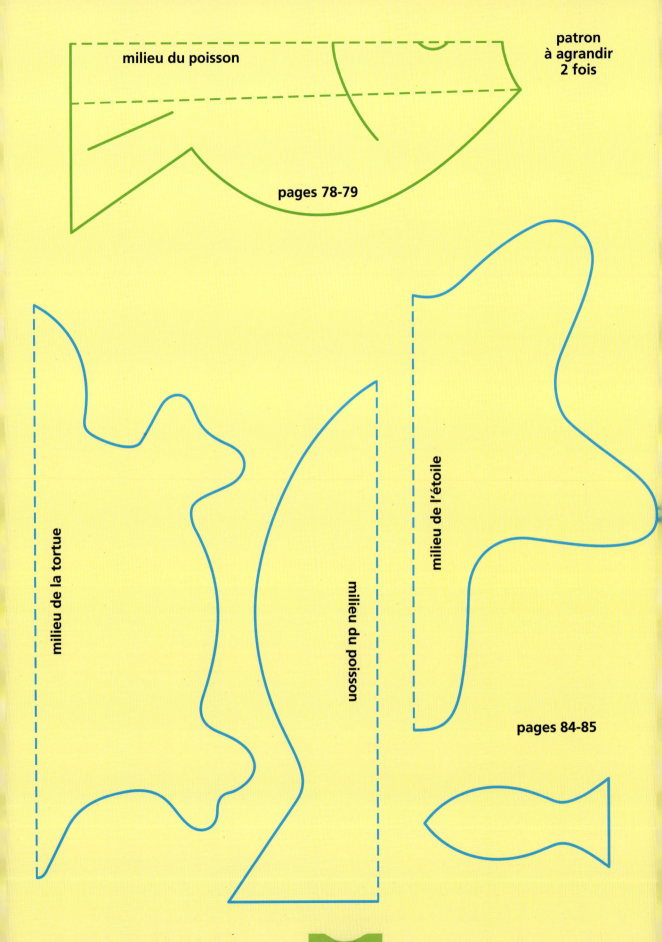

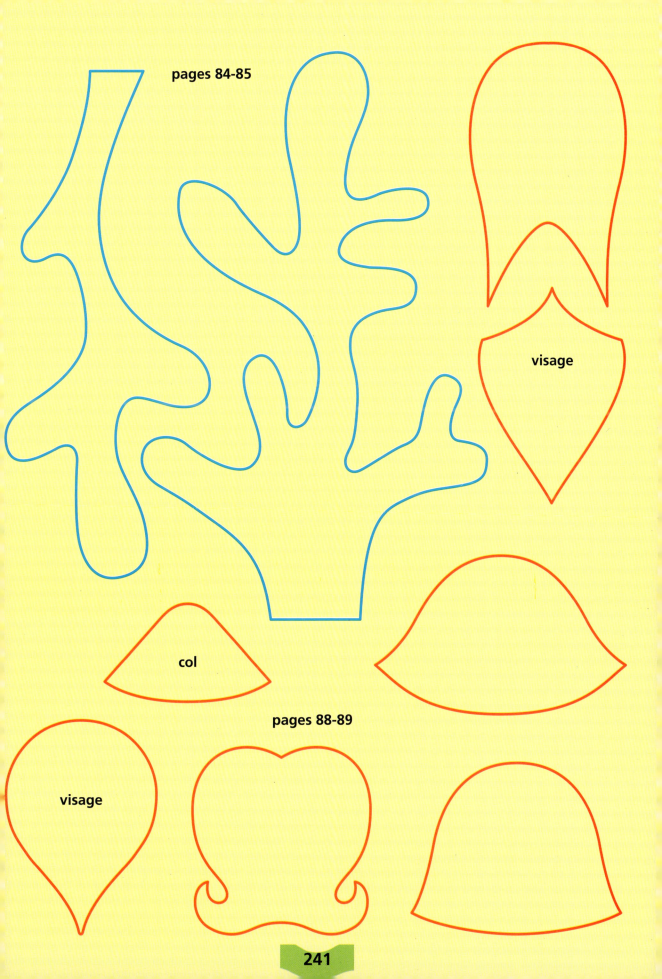

pages 100-101

pages 108-109

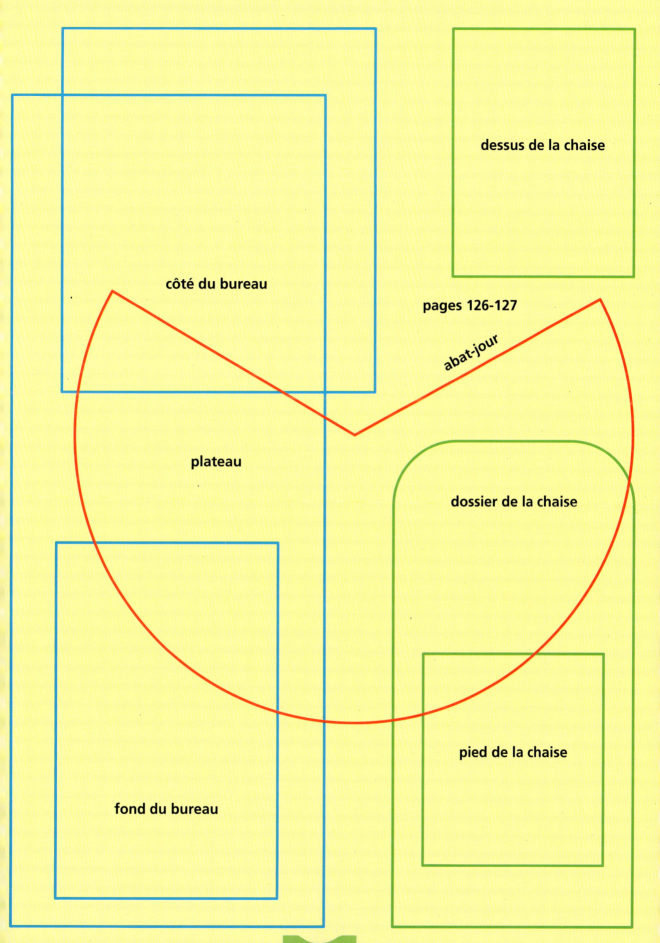

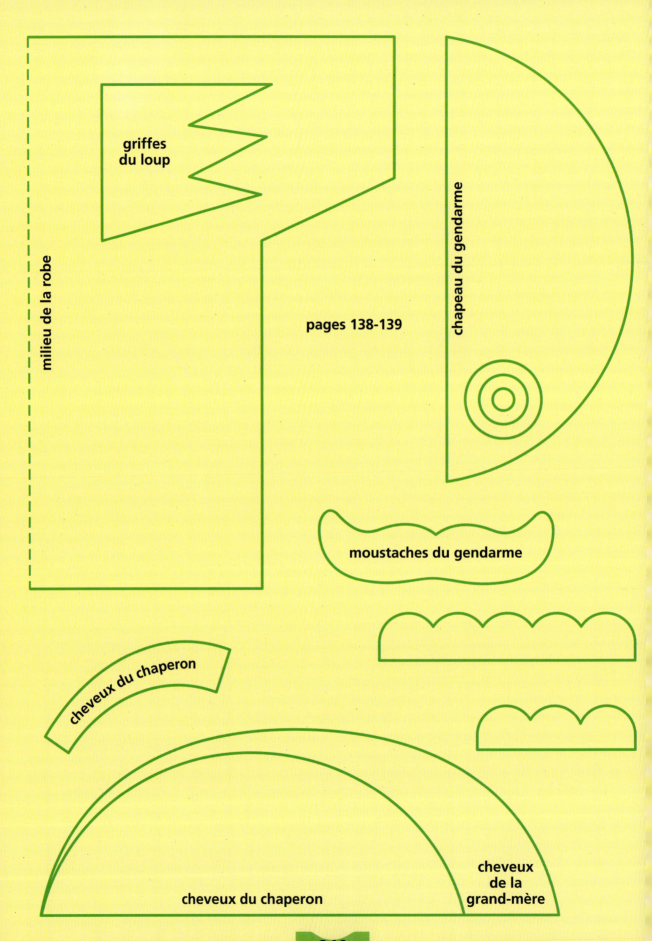

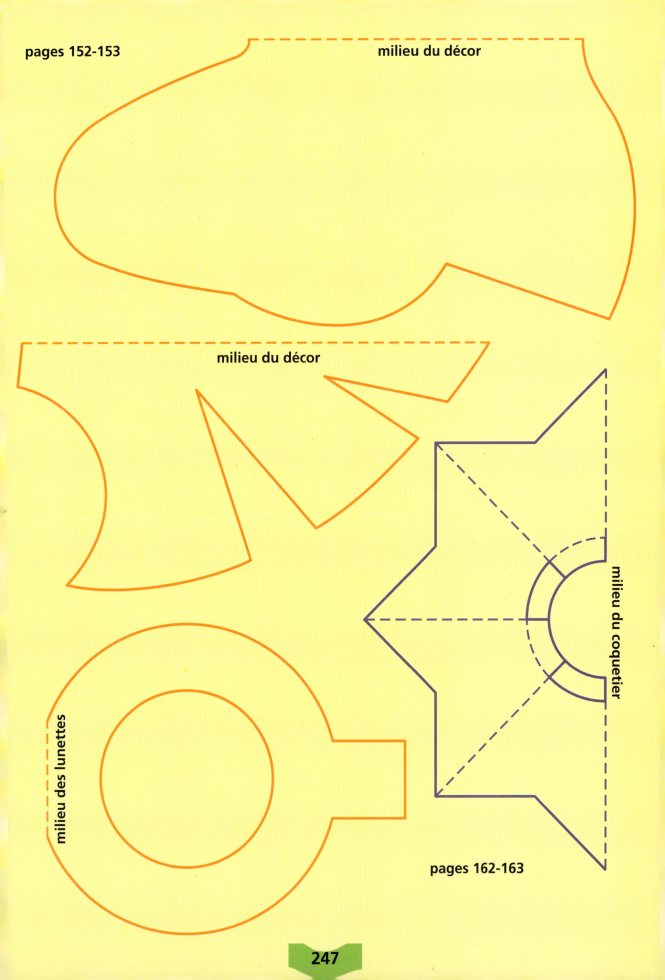

pages 182-183

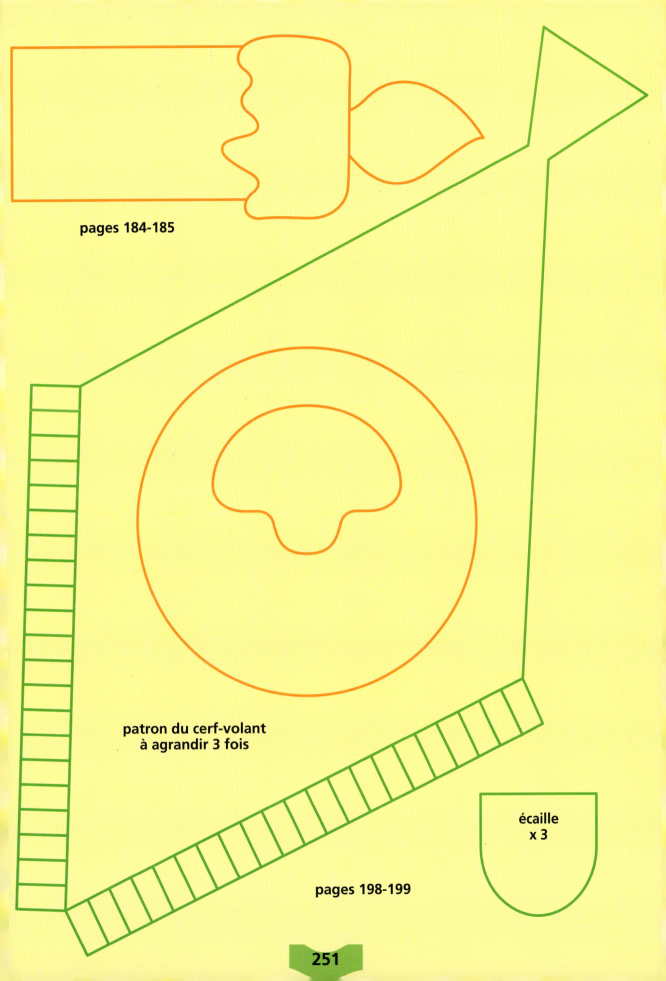

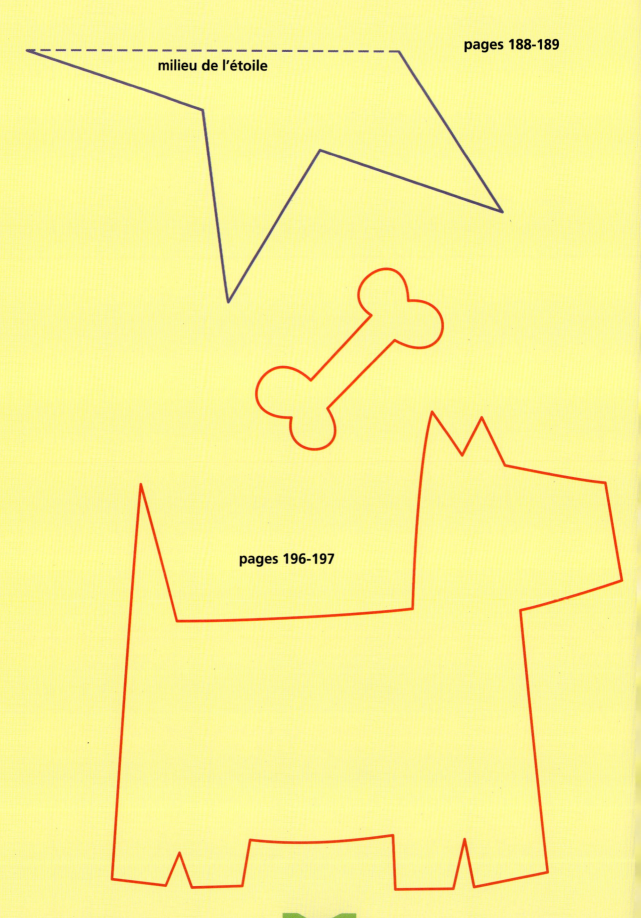

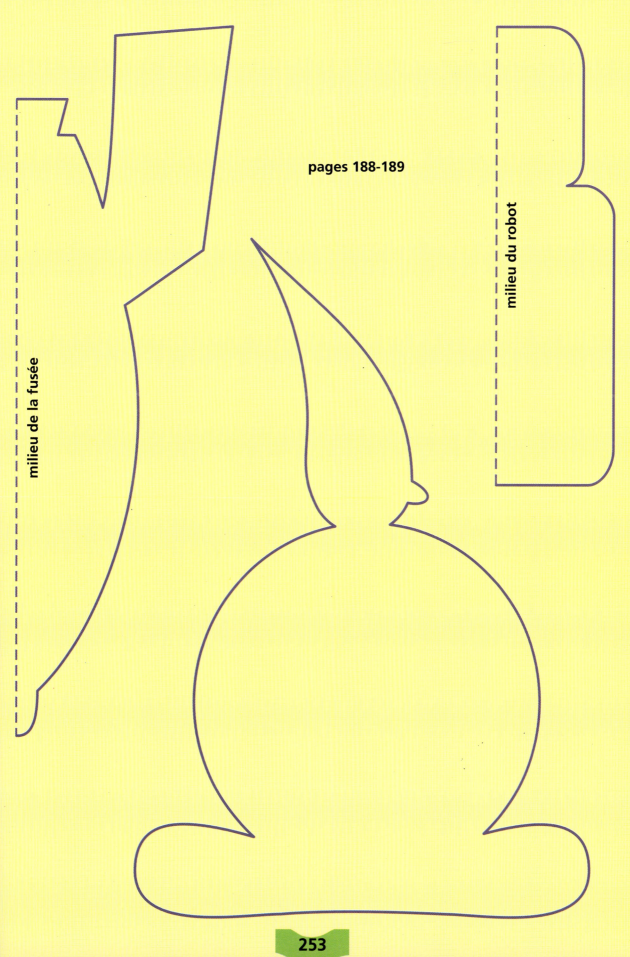

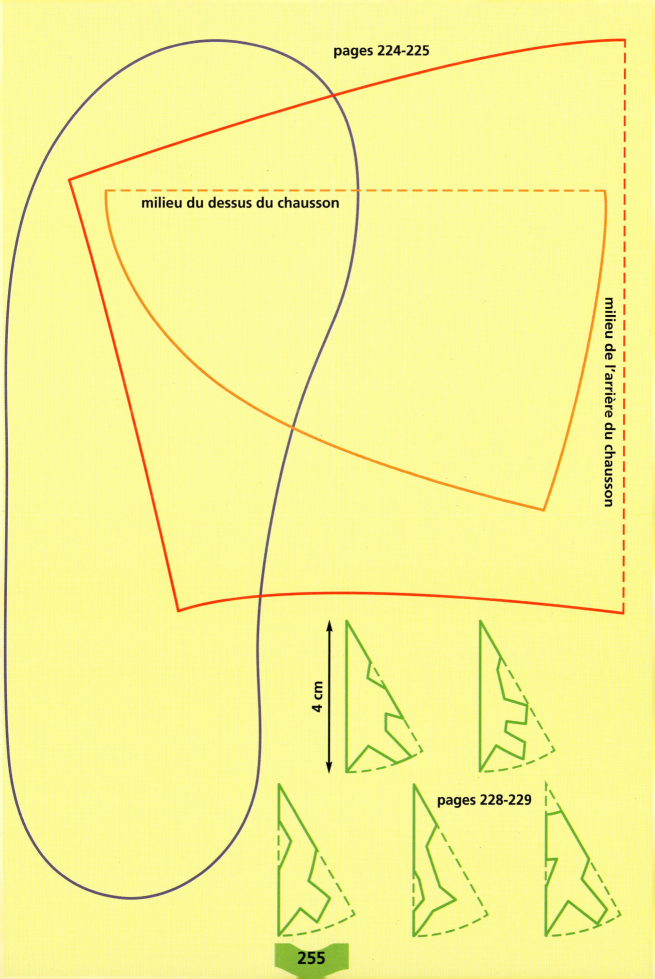

Ont participé à cet ouvrage :

Réalisations :

Danièle Ansermet
pages 70-71, 160-161, 162-163, 206-207, 214-215, 224-225, 228-229.

Maïté Balart
pages 24-25, 100-101, 104-105, 108-109, 166-167, 182-183, 196-197, 198-199.

Isabelle Bochot
pages 120-121, 126-127, 128-129, 152-153, 156-157, 158-159, 174-175.

Denis Cauquetoux
pages 18-19, 28-29, 38-39, 48-49, 62-63, 122-123, 138-139, 140-141, 154-155.

Muriel Damasio
pages 22-23, 26-27, 88-89, 96-97, 116-117, 148-149, 194-195, 218-219.

Marie Enderlen-Debuisson
pages 46-47, 52-53, 64-65, 68-69, 78-79, 178-179, 186-187, 210-211, 212-213.

Cathy Kadraoui
pages 44-45, 56-57, 86-87, 90-91, 112-113, 180-181.

Vanessa Lebailly
pages 34-35, 50-51, 82-83, 84-85, 98-99, 124-125, 150-151, 188-189, 222-223.

Fanny Mangematin
pages 14-15, 20-21, 76-77, 94-95, 136-137, 164-165, 220-221.

Céline Markovic
pages 12-13, 30-31, 66-67, 106-107, 132-133, 168-169, 202-203, 216-217, 226-227.

Catherine Mentink
pages 16-17, 42-43, 60-61, 92-93, 114-115, 142-143.

Muriel Revenu
pages 146-147, 176-177, 184-185, 200-201, 208-209.

Natacha Seret
pages 40-41, 54-55, 72-73, 74-75, 102-103, 118-119, 130-131, 172-173, 192-193.

Cécile Sergent
pages 32-33, 36-37, 80-81, 134-135, 170-171, 204-205.

Illustrations en infographie :

Laurent Blondel, Yannick Garbin
pages 5, 6-7, 8-9, 18-19, 38-39, 40-41, 44-45, 48-49, 54-55, 60-61, 62-63, 66-67, 68-69, 132-133, 134-135, 136-137, 146-147, 160-161, 162-163, 164-165, 166-167, 180-181, 186-187, 188-189, 198-199, 206-207, 210-211, 212-213, 214-215, 220-221, 222-223, 228-229, 232-255.

Nathalie Gueveneux (Domino)
pages 88-89, 90-91, 92-93, 94-95, 98-99, 106-107, 168-169, 174-175, 178-179.

Catherine Helye
pages 12-13, 20-21, 28-29, 30-31, 34-35, 46-47, 50-51, 118-119, 120-121, 122-123, 124-125, 126-127, 138-139, 140-141, 142-143, 152-153, 158-159, 172-173, 182-183, 184-185, 192-193, 194-195, 216-217.

Vincent Landrin
pages 32-33, 36-37, 52-53, 64-65, 70-71, 72-73, 74-75, 76-77, 78-79, 82-83, 84-85, 86-87.

Léonie Schlosser
pages 14-15, 16-17, 22-23, 24-25, 26-27, 42-43, 56-57, 80-81, 96-97, 100-101, 102-103, 104-105, 108-109, 112-113, 114-115, 116-117, 128-129, 130-131, 148-149, 150-151, 154-155, 156-157, 170-171, 176-177, 196-197, 200-201, 202-203, 204-205, 208-209, 218-219, 224-225, 226-227.

Photographies :
Dominique Santrot

Conception graphique :
Isabelle Bochot

Mise en page :
Véronique Chabert d'Hières

Couverture :
Catherine Foucard

Direction éditoriale :
Christophe Savouré

Direction artistique :
Danielle Capellazzi,
Armelle Riva

Édition :
Valérie Monnet,
Christine Hooghe

Assistante éditoriale :
Hélène Raviart

Fabrication :
Catherine Maestrati,
Annie-Laurie Clément

Avec l'aimable participation de :
Rougier et Plé
9 magasins en France : Paris, Nanterre, Nantes, Champlan/Longjumeau, Neuilly-sur-Marne, Lille, Lyon, Aubagne, Bordeaux.
Renseignements et vente par correspondance : 0 825 160 560
Minitel : 3615 Rougier et Plé
Internet : www.rougieretple.fr

Loi n° 49-956 du 16 juillet 1949 sur les publications destinées à la jeunesse.
© Groupe Fleurus, Paris, 2000
Dépôt légal : août 2002
ISBN : 2-215-07066-8
3ème édition – 92267
Photogravure :
IGS Charente Photogravure
Imprimé en CEE par **Partenaires-Livres**®